DROIT ET NÉCESSITÉ

DES

GARANTIES SOCIALES

ET POLITIQUES

RÉCLAMÉES PAR LES COLONIES FRANÇAISES.

IMPRIMERIE DE GUIRAUDET,
RUE SAINT-HONORÉ, Nº 315.

DROIT ET NÉCESSITÉ

DES

GARANTIES SOCIALES

ET POLITIQUES

RÉCLAMÉES PAR LES COLONIES FRANÇAISES,

OU

OBSERVATIONS

SUR LES RAPPORTS DES LOIS ORGANIQUES COLONIALES PRÉSENTÉES A LA CHAMBRE DES DÉPUTÉS PENDANT LA SESSION DE 1831.

Par A. de Cools,

DÉLÉGUÉ SUPPLÉANT DE LA MARTINIQUE.

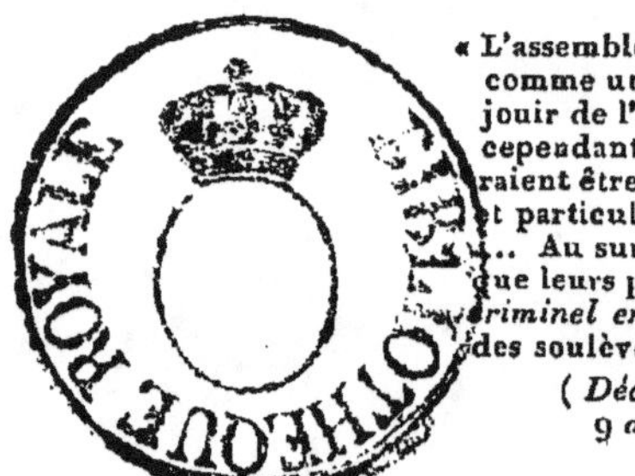

« L'assemblée nationale déclare que, considérant les colonies comme une partie de l'empire français, et désirant les faire jouir de l'heureuse régénération qui s'y est opérée, elle n'a cependant jamais entendu les assujettir à des lois qui pourraient être incompatibles avec leurs convenances locales et et particulières.

... Au surplus, l'assemblée nationale met les colons ainsi que leurs propriétés sous la sauvegarde de la nation; déclare *criminel envers la nation* quiconque travaillerait à exciter des soulèvements contre eux. »

(*Décrets des 8 et 28 mars 1790, et lois des 10 mars et 9 avril id.*)

PARIS,

DELAUNAY, LIBRAIRE, PALAIS-ROYAL.

1832.

DROIT ET NÉCESSITÉ
DES GARANTIES SOCIALES

ET POLITIQUES

RÉCLAMÉES PAR LES COLONIES FRANÇAISES.

CHAPITRE PREMIER.
CONSIDÉRATIONS GÉNÉRALES.

—

Pendant la dernière session la chambre des députés s'est trouvée saisie de l'examen de deux projets de loi destinés à satisfaire aux droits reconnus aux colonies par l'assemblée constituante (1), et consacrés de nouveau par l'art. 64 de la Charte de 1830. Bien que ces deux projets n'aient pas traversé l'épreuve d'une discussion générale, ils n'en ont pas moins été soumis à l'examen préparatoire des commissions ; et, avant la clôture de la session, messieurs les rapporteurs ont pu livrer aux réflexions de l'assemblée le résultat de leurs travaux.

La clôture de la session seule mit obstacle à la délibération et au vote de ces lois ; mais comme les mêmes droits subsistent, et que le besoin d'une législation définitive se fait chaque jour sentir plus vivement dans nos établissements d'outre mer, il est à espérer que le gouvernement ne perdra pas de temps pour soumettre aux chambres dès le début de la session prochaine les nouveaux projets de loi sur la matière, et que la justice et la conviction des trois pouvoirs s'accorderont pour faire enfin sortir nos colonies de ce provisoire non seulement

---

(1) Si j'invoque ici l'autorité de l'assemblée nationale, c'est qu'à moins d'une abrogation authentique et légale, *toute reconnaissance d'un droit public est définitive et absolue*, et qu'on ne peut échapper à cette doctrine qu'en rentrant dans celle des *chartes octroyées* par le bon plaisir, et par lui *révocables*, hypothèse qui n'est pas de mise en 1832.

si contraire à leurs droits et à leur prospérité , mais même si dangereux pour leur existence.

La nécessité de cette solution politique, personne n'était plus à même de l'apprécier que les délégués de nos colonies respectives : aussi ce but a-t-il été celui de leurs efforts constants, mais jusqu'à ce jour malheureusement stérile. C'était pour eux obéir à un premier devoir que d'insister auprès du gouvernement pour la présentation des lois , et auprès de la chambre dès qu'elle en fut saisie pour la délibération de ces mêmes lois. Un autre devoir non moins rigoureux leur prescrivait de fournir à la discussion tous les documents qui pouvaient la rendre plus facile et plus prompte.

A peine réunis en conseil (1), ils avaient fait connaître au ministre de la marine les vœux et les besoins de leurs commettants. Aussitôt que les projets eurent été déférés à la chambre, ils sollicitèrent leur admission dans le sein des commission chargées du premier examen, et s'empressèrent de soumettre de vive voix et par écrit les observations qui leur paraissaient commandées par le système auquel le ministère s'était arrêté. Ce ne fut qu'à titre de renseignements que leurs observations furent accueillies. Les délégués ne furent point admis à en discuter le mérite. Ils ne pouvaient à la vérité opposer à ce mode insuffisant de faire valoir les réclamations de leurs commettants ni l'autorité d'un précédent, ni le texte d'une loi qui leur eût garanti des droits bien définis, puisque cette loi elle-même était l'objet en question : il leur fallut donc s'incliner devant les rigueurs de la situation qui leur était imposées, et se retirer sans avoir pu acquérir aucune donnée sur le jugement que les commissions portaient de leurs doctrines.

Pour obtenir les amendements qu'ils jugeaient nécessaires, et surtout pour arriver à une prompte discussion, il ne leur restait plus que la voie des démarches individuelles tant au-

(1) L'ordonnance royale du 27 fév. 1827, qui avait constitué le conseil des députés des colonies sous la présidence de l'un d'entre eux, ne fut modifiée par l'ordonnance du 25 août 1830 qu'en ce qui touchait à l'élection directe des députés, rendue aux conseils généraux de chaque colonie.

près du gouvernement que des membres de la chambre : ils y portèrent la même persévérance et la même activité. Il leur tardait que la publicité des rapports leur fournît au moins les moyens de connaître sur quels points ils auraient à éclairer la discussion générale ; mais ce ne fut que peu de jours avant la clôture de la session qu'eut lieu cette publicité, et dès lors la discussion ni le vote de ces lois n'étaient plus possibles.

Selon l'esprit et la lettre de la Charte, ces projets doivent sans doute être considérés comme non avenus. Néanmoins le travail des commissions reste pour déposer de la première impression que leur ont fait éprouver ces projets. J'ignore quelle part d'influence ce travail exercera sur les conseils de la couronne lorsqu'il s'agira des nouvelles lois à présenter dans la prochaine session ; mais comme je suis plus convaincu que jamais que les demandes des délégués n'étaient que l'expression la plus modeste des droits que la Charte de 1830 elle-même avait de nouveau consacrés, j'ai cru que dans l'intervalle d'une session à l'autre il ne serait pas sans utilité de les reproduire en les corroborant des observations provoquées par le travail de Messieurs les rapporteurs.

J'exprimerai d'abord le regret que j'ai eu de voir scinder en deux lois ce qui ne semblait destiné qu'à se présenter sous la forme d'un système complet, offrant à tous les citoyens des colonies françaises la garantie de tous leurs droits.

Les difficultés que le ministre a pu rencontrer dans l'achèvement immédiat d'un travail qui, dès le début de la session, répondît pleinement aux vœux et à la juste impatience de la chambre, peuvent suffire pour expliquer ces présentations successives ; mais il est permis de croire que le ministre lui-même avait conçu la possibilité du renvoi des deux lois à une même commission, et qu'il n'aurait point vu d'inconvénient à ce qu'elles fussent fondues en une seule. Les délégués en avaient exprimé le désir, et ce désir était basé sur ce principe d'une vérité incontestable, qu'il y avait un grand avantage à ce que la même loi, qui proclamait des droits nouveaux, statuât en même temps sur l'espèce d'application qui devait en être faite.

Lors de la session prochaine, rien n'empêchera de mettre au moins à profit les délais si fâcheux que le vote de ces lois a éprouvés, pour en coordonner tous les éléments dans une rédaction unique.

Quoi qu'il en soit, dans l'examen auquel je vais me livrer, je procéderai dans le même ordre adopté par la chambre, en commençant d'abord par le rapport sur la loi relative aux droits politiques à concéder à la population de couleur libre.

CHAPITRE II.

EXAMEN DU RAPPORT DE M. MARTIN (DU NORD) SUR LE PROJET DE LOI RELATIF AUX DROITS POLITIQUES DE LA POPULATION DE COULEUR LIBRE.

Sur cette question je n'ai rien à objecter au système commun au ministre et à la commission de la chambre. Seulement je dirai que la proposition ministérielle eût pu être considérée comme suffisante, puisqu'elle statuait sur tous les droits qui appelaient une immédiate attention. Quant aux dispositions supplémentaires ajoutées par la commission dont M. Martin (du Nord) était l'organe, il ne sera peut-être pas sans objet de faire observer qu'avec une connaissance plus complète de la véritable situation des choses, M. le rapporteur eût senti qu'un simple appel ou une injonction faite à l'action ministérielle aurait pu tenir lieu d'une longue série d'articles dirigés sans nécessité vers un but qui se trouvera sans doute atteint avant l'époque probable de la promulgation de la loi.

En effet, la classe des patronés (1), à l'égard de laquelle M.

____

(1) Le patroné est un esclave qui a reçu la *manumission*, c'est-à-dire *la liberté de fait*, mais qui n'a pas encore reçu le titre légal de son affranchissement.

Martin a cru trouver dans le projet une lacune qu'il était de
son devoir de combler dans l'intérêt même des colonies, cette
classe, dis-je, tend chaque jour à se fondre dans la classe des
affranchis par les nombreuses délivrances de titres nécessaires à la régularisation de sa position. En décembre 1831, M.
le contre-amiral Dupotet, gouverneur de la Martinique, avait
déjà délivré dix-huit cents de ces titres réguliers. Depuis, chaque mois en a vu donner de deux à trois cents, en sorte que,
sur neuf à dix mille patronés qui existaient à la Martinique,
il n'en restera probablement pas un lorsque la loi où l'on a
cru devoir statuer en leur faveur pourra être promulgée (1).
Il en sera de même dans toutes les autres colonies. Partout
ce sont les anciens maîtres et les patrons eux-mêmes qui pro-
voquent la délivrance de ces titres ; ce qui prouve l'inutilité
des mesures coercitives là où les mœurs se prononcent si
formellement pour la suppression d'une situation mixte, dont
l'origine appartient exclusivement aux anciennes ordonnances
métropolitaines. Car il ne faut pas oublier que dans d'autres
temps la métropole, redoutant l'excès des affranchissements,
avait cru convenable de les soumettre à une véritable amende en faveur du fisc. Du moment où les maîtres se sont trou-
vés relevés de cette amende, il est tout simple qu'ils aient été
disposés à se dégager aussi de l'espèce de responsabilité que le
patronage faisait encore peser sur eux en ce qui tient à la conduite du patroné. On peut donc dire qu'au point où la question était arrivée, et alors que l'intérêt personnel se trouvait
en harmonie avec le vœu du législateur, il eût été d'une phi-
lanthropie mieux entendue, dans l'intérêt de l'esclave, au lieu
de s'occuper à briser des liens qui tombent d'eux-mêmes, de

(1) Depuis le 26 décembre 1830 jusqu'au 20 janvier 1832, le bulletin
officiel des ordonnances et arrêtés de la Martinique constate la délivrance de quatre mille deux cent cinquante-trois titres réguliers de liberté
remis à des patronés; depuis il y en a encore eu un bien grand nombre,
plus de huit cent de ces titres ayant été délivrés à l'occasion de la fête
du roi au mois de mai 1832. Somme toute, depuis le mois de décembre
1830 jusqu'à la fin de juillet 1832, M. le contre-amiral a délivré à cinq
mille huit cent quarante-neuf patronés des titres réguliers de liberté.

statuer que le patron ne pourrait se démettre de ses droits ou plutôt de ses devoirs de protection qu'après la preuve fournie des moyens d'existence du patroné : car, je le répète, il n'y a pas dans les esprits la moindre disposition à prolonger l'existence d'une situation que tous s'accordent à regarder comme un fâcheux incident, et pour arriver à son extinction complète il n'y avait peut-être rien autre chose à prescrire à l'administration que de lui recommander de ne permettre aucun accroissement au chiffre des patronés actuellement existants.

Cette simple prescription suffisait pour atteindre le but que la commission avait en vue, sans qu'elle eût besoin d'appeler à son aide cette série de précautions judiciaires d'autant plus superflues qu'elles sont prises contre des difficultés que personne n'élève, et qui cependant n'en sont pas moins fâcheuses par l'effet moral qu'elles peuvent produire dans l'esprit de tous, en raison de la supposition qu'elles autorisent d'une résistance qui n'existe pas.

Après avoir signalé l'inutilité de la mesure, je me trouve encore forcé d'ajouter quelques observations sur le texte même de ces dispositions additionnelles, qui pourraient ouvrir la porte à de graves inconvénients qui ont échappé aux intentions généreuses de M. le rapporteur. « *Toute personne qui jouit de la liberté de fait*, dit l'art. 3. »

Tout homme ayant une connaissance exacte et surtout personnelle des diverses formes sous lesquelles existe l'esclavage dans nos colonies sentira les dangers de cette rédaction.

En laissant à celui que la loi a placé dans une *présomption d'esclavage* la faculté illimitée de faire valoir par lui-même, et sans l'intervention de l'autorité, ce qui peut n'être qu'à ses yeux seuls *une présomption de liberté*, le législateur doit craindre d'exciter l'esclave lui-même à élever la prétention de cette liberté de fait, et par conséquent à traîner, sans aucun droit, son maître devant les tribunaux.

Dès lors, où serait la garantie de la propriété, et même de la paix publique ?

Une considération aussi puissante peut faire comprendre qu'il est sage et sans danger de laisser aux pouvoirs publics une part plus large dans la solution de cette question : c'est ce qui m'a déjà fait dire qu'une simple invitation ou une prescription en termes généraux eût suffi. La ligne que l'administration a suivie en cette matière pouvait satisfaire à cet égard aux exigences les plus ombrageuses. Les résultats obtenus et constatés prouvaient assez s'il y avait eu sincérité dans les instructions du pouvoir et dans les actes de ses agents.

L'opération en elle-même est juste et politique; mais pour qu'elle conserve ce double caractère, il faut que son exécution soit dégagée de ce qu'elle pourrait fournir d'armes ou de prétextes à l'esprit de malveillance et d'insubordination.

Près de six mille titres de liberté accordés en moins de deux années par le gouverneur de la Martinique, par exemple, ne permettent pas de douter d'une volonté positive de voir fondre le plus tôt possible la classe des patronés dans celle des affranchis, sans qu'il soit besoin de recourir à ces publications bruyantes, à ces affiches de journaux, qui, outre l'inconvénient (dans le système peu justifiable de M. Martin) de grever injustement les caisses coloniales, déjà si chargées et si appauvries (1), ont encore le grand danger d'agiter, sans aucune utilité, les esprits les plus susceptibles de funestes erreurs.

Les missionnaires méthodistes qui depuis quelques années s'étaient établis à la Jamaïque ont été accusés d'avoir eu une part volontaire aux affreuses calamités qui dernièrement ont désolé cette colonie, en accréditant parmi les esclaves la dangereuse erreur d'un affranchissement immédiat. Ces sectaires ont constamment repoussé cette accusation, et tant que les preuves manqueront à l'assertion qui les inculpait, on doit admettre leur innocence. Mais ils n'en sont pas moins convenus dans une de leurs réunions solennelles, tenue récemment à Londres, que cette opinion, cause de la révolte, circulait

____

(1) S'il existe encore à la Martinique, par exemple, quatre mille patronés, quatre mille avertissements dans les journaux, coûtant de 5 à 6 fr. chaque, répétés trois fois, constitueraient une dépense d'au moins 60,000 fr. à la charge (à quel titre ?) d'une colonie qui depuis dix ans, comme toutes les autres, démontre en vain jusqu'à l'évidence qu'elle est incapable de supporter le fardeau d'impôts qui, dans une période de vingt années, se sont élevés de 800,000 fr. à plus de 2,000,000.

effectivement parmi les esclaves. Maintenant si les méthodistes et leurs adhérents ne sont point les auteurs de cette dangereuse suggestion, comment l'expliquer autrement que par une fausse interprétation que l'esprit peu éclairé des esclaves aura donnée aux trop fameux *ordres en conseil du cabinet britannique*, qui, par l'étrangeté, la complication et l'exorbitance de leurs dispositions, semblent avoir été imaginés pour faire naître les présomptions les plus dangereuses ?

Puisse cet exemple nous servir d'avertissement, et faire comprendre à ceux qui s'occupent en France d'améliorations philanthropiques pour les colonies que c'est bien mieux par l'intervention de l'autorité et des pouvoirs locaux qu'on peut en assurer les bienfaits que par une série de prescriptions fâcheuses quand elles ne sont pas nécessaires, et qui deviennent autant d'éléments de discorde et de désolation dans les mains de l'ignorance ou de la mauvaise foi.

Au reste, ce qui doit grandement simplifier la question, c'est l'empressement avec lequel le gouvernement semble aller au-devant de ce qui lui paraît devoir répondre aux vœux des chambres, alors même qu'il ne peut encore avoir à cet égard que des présomptions. Car c'est bien certainement à un sentiment de cette nature qu'a déféré récemment le ministre de la marine lorsqu'il a fait rendre au roi l'ordonnance du 12 juillet dernier sur les affranchissements.

Ce ne sera pas moi qui blâmerai un membre du cabinet d'aller, quand il le croira juste, au-devant des vœux formés par les pouvoirs législatifs. Cependant il me semble qu'en cette circonstance il y a eu de la part de l'administration un peu de cette espèce d'empressement qui est difficile à justifier en droit ou en nécessité.

Le premier vœu des chambres est sans doute celui d'un respect absolu pour les dispositions de la charte ; or il n'est pas facile de concilier ce respect avec l'adoption d'une mesure prise en contradiction manifeste avec l'article 64, qui dispose que les colonies seront régies par des lois particulières. Si les retard forcés qu'a éprouvés la promulgation de ces lois peuvent en quelque sorte expliquer comment l'administration se croit encore fondée à user provisoirement, en matières législatives, de son ancien pouvoir d'ordonnances, ce ne peut être qu'autant que ce pouvoir se sera restreint lui-même dans les limites d'une urgence évidente.

Or ici comment pourrait-on démontrer l'urgence? Les ordonnances royales et arrêtés locaux de 1830 qui avaient prononcé l'abandon des droits du trésor avaient ajouté à l'ancienne législation sur les affranchissements tout ce qu'on pouvait demander légalement à l'administration.

Mais enfin, voulût-on faire quelque chose de plus, alors il fallait se borner aux dispositions relatives aux patronés, dans le but avoué de faciliter leur émancipation définitive, et de s'opposer à tout accroissement de cette classe. L'article 7 de l'ordonnance du 12 juillet pouvait dans ce cas fournir la matière d'une ordonnance spéciale qui n'eût traité la question d'affranchissement que dans les rapports qu'elle peut avoir avec cet article.

Au reste, quoi qu'il en soit du mérite ou de l'à-propos de cette ordonnance, j'y trouve un fait utile à constater : c'est que le considérant de l'ordonnance du 12 juillet, tel qu'il est sorti de la rédaction ministérielle, autorise au moins une espérance que les délégués des colonies accueilleront, je crois, avec plaisir ; car ses motifs puisés à la fois dans les deux lois organiques présentées à la dernière session donnent lieu de penser que le ministre n'est pas moins persuadé que nous de l'utilité qu'il y aura de réunir dans un statut unique les dispositions dont l'ensemble doit former la nouvelle constitution politique des colonies françaises.

CHAPITRE III.

RAPPORT DE M. PASSY SUR LE PROJET DE LOI RELATIF AU RÉGIME LÉGISLATIF DES COLONIES. — DIGRESSION OU IL A FALLU SUIVRE M. LE RAPPORTEUR.

—

Passons maintenant au rapport de M. Passy, c'est-à-dire à celui sur le projet de la loi *relatif au régime législatif des colonies.*

Ici ce n'est pas par voie de simples modifications ou dispositions supplémentaires qu'il a été procédé.

Le problème politique à résoudre était celui-ci : « Quels sont les meilleurs moyens de faire jouir les citoyens de nos colonies françaises des droits que l'art. 64 de la Charte leur a reconnus? »

Telle devait être sans doute, mais telle ne paraît point avoir été la pensée-mère de ce rapport.

Assez d'obstacles matériels s'opposaient à ce que ces membres de la grande famille pussent être mis sur un pied de parfaite égalité avec leurs frères d'Europe, pour qu'on crût que l'organe de la commission proposerait au moins tout ce qui n'était pas rigoureusement impraticable. C'est sous l'influence d'une idée bien opposée que s'est faite la rédaction de son travail.

Quelque restreintes que fussent les garanties que les citoyens français d'outre mer pouvaient puiser dans la proposition ministérielle, M. le rapporteur s'est montré plus occupé de resserrer le cercle que de l'étendre : car, si dans les deux premiers paragraphes de son rapport il a consenti à proclamer d'une part la réalité des griefs, et de l'autre l'impérieuse nécessité de marcher dans l'introduction des institutions nouvelles avec une extrême prudence, on serait en droit de demander s'il ne l'a fait que pour rendre plus éclatant son peu de respect pour les droits fondés, plus subversives et plus irritantes les théories qu'il propose à la chambre d'appliquer. D'ailleurs il faut se hâter de le faire observer, la première partie du rapport de M. Passy n'est à bien dire qu'un hors-d'œuvre qui n'eût pu trouver place tout au plus que dans le travail de son collègue.

Que M. Martin, qui avait pour mission d'apprécier quels droits il convenait de reconnaître ou d'accorder à la population affranchie, se fût laissé aller à un examen historique de la condition de cette classe et de son origine, rien n'eût été plus naturel, et s'il s'en est abstenu, c'est qu'il a eu la sagesse de reconnaître qu'il y avait perte de temps sans profit à s'appesantir sur des questions auxquelles la puissance du temps et des mœurs avaient déjà fait perdre une si grande partie de leur importance, que de simples décisions ministérielles ont pu, si non très légalement, du moins sans inconvénient grave, trancher sans hésitation une foule de questions jugées capitales jusque alors (1).

Lorsque les deux lois furent présentées à la chambre, les délégués s'étaient, il est vrai, flattés un instant que leur connexité si évidente déterminerait leur renvoi à une seule commission, chargée de fondre les deux projets en une seule loi ; il en fut autrement, la chambre consentit à suivre la voie tracée par le ministre. Dès lors, il est permis de croire que chaque rapporteur eût mieux fait de se renfermer dans la question spéciale qu'il était chargé de traiter.

En agissant ainsi M. Passy eût pu s'épargner les frais d'une argumentation où les conclusions ne se trouvent pas toujours en harmonie avec les prémisses. Ainsi, par exemple, dans son analyse historique de l'esclavage, et plus particulièrement de celui des Antilles, comment après avoir lui-même posé le fait des différences physiques et matérielles de race et de couleur, comprend-on qu'il n'en ait tenu compte que pour en faire la matière de vagues et injustes accusations, au lieu de reconnaître, en homme véritablement politique, que ce contraste des traits et des couleurs constituait une situation indépendante de la volonté de l'homme, et qui par là même exigeait plus de prudence lorsqu'il s'agissait d'abaisser sans secousse une barière dont la nature avait permis que l'œil le moins attentif pût reconnaître l'existence.

Puisqu'il plaisait à M. le rapporteur de faire excursion sur ce terrain, je crois pouvoir le dire, étranger à son travail, il eût dû faire l'aveu des différences existantes entre la législation qui régissait l'esclavage dans l'antiquité et celle qui, sous le nom

(1) Toutes les dispositions prises depuis 1830 en faveur de la population de couleur libre et des patronés l'ont été par voie d'ordonnances. Ce qu'il y avait d'illégal à procéder ainsi en présence de l'art- 64 de la charte n'a cependant donné lieu à aucune réclamation de la part de ceux à qui on suppose gratuitement un si grand éloignement pour les effets de ces dispositions. Il faut bien le dire, s'ils n'ont point élevé de réclamations, ce n'était pas parce que le droit leur manquait, mais seulement parce qu'il y avait harmonie entre ces mesures favorables aux affranchis et les dispositions d'une majorité éclairée.

de code noir, constatait les progrès que la religion chrétienne avait fait faire à l'humanité. Cet aveu juste ne devait pas coûter à un esprit grave. Il ne mettait d'ailleurs obstacle à aucune amélioration dont l'avenir pouvait offrir la possibilité, et il eût été d'un effet politique plus convenable et d'un retentissement plus heureux que cette répétition de récriminations sans base qui tendent à rendre les anciens propriétaires de la classe blanche dans nos colonies responsables d'ordonnances européennes dont les erreurs, s'il en existe, appartiennent à la métropole : car, par l'intervention constante de ses agents, elle ne peut pas même être reçue à décliner la grande part de responsabilité qui lui reste dans les arrêtés locaux. Ce que la passion ou la mauvaise foi vulgaires peuvent alléguer, l'esprit éclairé de M. le rapporteur n'a pu l'admettre. Il sait bien que l'initiative et la sanction de ces arrêtés eux-mêmes sont constamment restées dans le domaine des gouverneurs et intendants, c'est-à-dire d'agents métropolitains, dont la prétendue soumission à l'influence coloniale ne mérite pas l'honneur d'une réfutation sérieuse, et ne pourrait jamais fournir aux détracteurs des colonies qu'un bien misérable argument.

Si je n'avais pour objet principal d'appeler toute l'attention du lecteur sur les questions véritablement en discussion, j'aurais à relever bien des assertions qui ont si singulièrement trouvé place dans l'examen d'un projet de loi sur le régime législatif. Mais je dois marcher à mon but : cependant, quelque pressé que je sois d'y arriver, je ne serai pas toujours maître de laisser passer sans contestation les doctrines de M. le rapporteur, surtout lorsqu'il croira pouvoir les appuyer de rapprochements dépourvus à mes yeux de l'analogie qui les lui recommande. En effet, puis-je m'abstenir, par exemple, de lui demander ce qu'il trouve de commun, sous le rapport même de l'esclavage, entre ces vastes empires du monde romain ou du moyen âge et de faibles établissements industriels qui jusqu'à présent n'ont point eu d'existence politique qui leur fût propre, puisque leur état social n'était jusqu'à ce jour que le reflet des volontés absolues de la métropole.

Comment se fait-il qu'avec la connaissance qu'il annonce des conditions exceptionnelles, et inévitablement telles, de l'existence de nos établissements coloniaux, M. le rapporteur n'ait pas vu que, si les éléments de leur ordre social, de leur agriculture ou de leur industrie, diffèrent si essentiellement de ce qui s'est successivement introduit et modifié dans d'autres contrées, c'est uniquement dans l'intérêt bien ou mal calculé de la métropole que ces anomalies sont devenues par une longue habitude un état normal, et que le mérite ou le blame en appartient exclusivement à ceux qui l'ont fondé. Comment n'a-t-il pas senti que dès leur origine la France n'avait considéré ces établissements que comme des usines dont les produits devaient servir non seulement à sa consommation, mais encore à rétablir en sa faveur le niveau de la balance commerciale, qui sans cette circonstance lui eût été tout-à-fait contraire? Car il ne peut ignorer qu'à une époque très rapprochée de la révolution de 89, où la France, encore peu avancée dans la carrière des progrès industriels, tributaire à tant de titres, soit de l'Angleterre, soit d'autres contrées européennes, soit enfin de l'Inde, dont les productions étaient devenues un besoin habituel pour les classes aisées du royaume; qu'à cette époque, dis-je, le produit des colonies à sucre, s'élevant à une valeur de 126,000,000 liv., non seulement rétablissait le niveau, mais encore faisait pencher en faveur de la France les résultats de la balance commerciale (1). Or, ce résultat, comment s'était-il obtenu? Par un grand développement des travaux de l'agriculture, et par conséquent par un tel accroissement du nombre des esclaves que cette même métropole crut nécessaire à la conservation de ces établissements importants d'y fortifier la puissance du maître ou du chef des ateliers par des règlements plus ou moins bien appropriés à l'augmentation de leur force morale. Telle fut la véritable cause des modifications apportées à l'édit de 1685, ou code noir primitif, par diverses ordonnances émanées de la métropole, et notamment par les arrêts du conseil du roi de 1713 à 1736. Non seulement cette explication est sincère, mais encore elle est logique; tandis qu'il n'y a rien de juste ni de fondé dans

___

(1) A cette même époque le produit annuel des colonies britanniques n'était pas évalué au-delà de 82,000,000 de livres. *Raynal.*

l'imputation qui voudrait rejeter les déviations de la législation primitive sur l'empire prétendu *qu'exerçait sur les conseils de la couronne l'esprit* de ce que M. le rapporteur appelle *ta caste privilégiée.*

En voilà assez sans doute pour faire apprécier le mérite des excursions qu'on a cru devoir faire dans le champ des théories étrangères au sujet à traiter. Au reste, il faut bien que M. le rapporteur ait senti lui-même que cette vaste digression avait besoin d'être justifiée, puisqu'il en a pris la peine à la fin de son exorde. Mais de cela même qu'il y eût eu *faute ou erreur à ne pas tenir compte des éléments discordants d'un état social aux soins duquel tout commande de remédier* (1), il ne s'ensuit pas qu'il y ait eu convenance ou utilité à exagérer les inconvénients d'une situation à laquelle la prudence commandait au contraire de ne toucher qu'avec une extrême réserve jusqu'à ce que l'habileté pratique en eût fait disparaître les dangers.

Avec un amour sincère et éclairé des améliorations à introduire dans l'ordre social, c'était bien moins *sur la répugnance* que pouvait produire le *rapprochement des affranchis* qu'il fallait appuyer que sur la justice d'appeler à l'exercice d'un droit commun tous ceux qui offraient à la société les mêmes garanties, abstraction faite de toutes classifications antérieures qui devaient s'absorber dans la pratique d'institutions basées sur l'égalité des droits, et destinées à achever et à consolider l'ouvrage du temps, des mœurs et de la raison ?

Plus on désire vivement que les classes libres finissent par se rapprocher, plus on doit être soigneux de s'abstenir de tout ce qui peut rendre ce rapprochement moins facile, et surtout de reproduire d'injustes allégations qui ne se recommandent pas même par l'exactitude des faits cités à l'appui : car, quand on veut marcher entouré de théories hasardeuses, au moins doit-on quelque attention au choix des assertions dont on croit les soutenir, sous peine de s'exposer à en produire d'aussi peu exactes que celle par exemple qui tend à établir le *petit nombre* de gens de couleur existant à Bourbon, alors qu'il est de fait

---

(1) Les passages en caractères italiques sont tirés du texte du rapport de M. Passy.

que ce n'est point le chiffre du rapport numérique des blancs aux gens de couleur qui peut servir à expliquer quelques circonstances favorables de la disposition réciproque des esprits entre les diverses classes de la population de cette colonie (1).

Que si nous avons trouvé beaucoup de choses au moins superflues dans les digressions qui précèdent, nous ne pouvons pas davantage nous empêcher de signaler l'inutilité et même le danger de quelques phrases relatives aux projets ou aux espérances qu'on a cru devoir annoncer à l'avenir des esclaves.

Ce ne sont point des phrases vagues, et dont le sens mal compris n'aboutit souvent qu'à l'homicide et à l'incendie, qu'il faut à l'esclave : ce sont des améliorations positives dans la limite du droit et du possible; et ces améliorations progressives, c'est à la société nouvelle qu'on va créer qu'il faut les demander. C'est de cette source, et de cette source seule, que le cultivateur pourra recevoir pure de tout désordre une meilleure situation dans l'échelle sociale, et non pas en lui parlant à l'avance de *l'allègement graduel du poids du joug sous lequel il est courbé;* langage plus fait pour développer en lui une plus grande impatience de briser ce joug avec violence, que pour *le réconcilier avec l'ordre établi.* Ce vague-là, d'ailleurs, n'est bon ni pour l'esclave ni pour le maître. En ne posant pas de bornes fixes (et comment les poserait-on aujourd'hui?), on fournit des prétextes à toutes les craintes comme à toutes les espérances, et par conséquent on aigrit toutes les passions qu'on devait avoir en vue de calmer et de désarmer : car, qu'importe après tout qu'on ajoute quelques mots d'excuse *sur le blâme* qu'on n'a pas *voulu jeter,* alors qu'on n'a rien omis de ce qui peut en faire naître et en justifier le sentiment.

(1) La population de Bourbon, évaluée à 97,500 habitants, est répartie ainsi qu'il suit : blancs 20,000, affranchis de couleur 7,500, Indiens engagés 4,000, esclaves 66,000.

CHAPITRE IV.

DISCUSSION SUR LE VÉRITABLE OBJET DU RAPPORT.

—

Quelque pénétré que je fusse de l'obligation qui m'est imposée de ne rien épargner pour la défense des intérêts qui me sontconfiés, ce n'a pas été sans un sentiment pénible que je me suis vu forcé de prendre ainsi à partie les doctrines de M. le rapporteur; mais je ne pouvais moins faire après avoir acquis la triste conviction de l'influence qu'elles avaient exercé sur son esprit dans son appréciation des droits réels de la société coloniale. En fait, sur quoi le projet ministériel appelait-il l'examen de la commission dont M. Passy fut l'organe? Sur trois questions principales, de la solution desquelles découlaient toutes celles du régime législatif à introduire aux colonies.

1º Les attributions de l'assemblée ou conseil colonial composé par voie d'élection.

2º La fixation du cens d'électorat, du cens d'éligibilité, et le mode d'après lequel ce sens serait fixé et son évaluation déterminée.

3º Enfin la nature et la limite des attributions à confier aux délégués que les colonies auraient auprès du gouvernement de la métropole.

Pour marcher droit au but que le gouvernement et la commission avaient sans doute en vue, il fallait se hâter de proclamer que les droits des hommes libres, c'est-à-dire de tous les membres de la cité coloniale, recevraient toutes les garanties compatibles avec leur état spécial : c'était là le vrai moyen de *hâter la réconciliation de toutes les classes, d'abattre toutes les barrières élevées entre elles* en leur *donnant une vie com-*

mune, en *les appelant à traiter de concert tous les intérêts publics!*
Ce programme aussi était brillant : voyons par quels moyens
on a cru pouvoir en remplir les conditions.

CHAPITRE V.

SUITE DU MÊME SUJET. — RÉPARTITION DES POUVOIRS POLITIQUES ENTRE LA MÉTROPOLE ET SES COLONIES.

—

L'assemblée constituante, par ses décrets des 8 et 28 mars
1790, et du 24 septembre 1791, ayant à statuer sur les attributions des assemblées coloniales, n'avait pas hésité à les investir
du droit de faire et de soumettre directement à la sanction
royale toutes les lois d'intérêt local ou de régime intérieur, en y
comprenant naturellement celles relatives à l'état des personnes non libres. La législature métropolitaine s'était réservé
tous les objets d'un intérêt mixte. Cette division était aussi
claire que rationnelle; et il est permis de croire qu'elle était
présente à l'esprit des législateurs constituants de 1830 lorsqu'ils statuèrent, art. 64, que les colonies seraient régies par
des lois particulières.

C'était à la conservation du principe bien plus encore qu'à
sa rigoureuse application que s'étaient arrêtées les demandes des
délégués. Ils avaient pour eux l'imposante autorité d'une assemblée dont les décisions ont servi de base au droit public
qui depuis long-temps régit la France. Il est à regretter que
cette considération n'ait pas exercé plus d'influence sur l'esprit des auteurs du projet de loi : ils auraient certainement eu
plus d'égards pour ce que la justice et l'analogie s'accordaient
à indiquer, et auraient mis moins d'arbitraire dans la répartition qu'ils avaient à faire des matières législatives entre les
pouvoirs métropolitains et les conseils coloniaux.

Dans le nouveau système, aux chambres placées en Europe est déféré le droit de faire, outre les lois d'intérêt mixte, celles destinées à régler, non pas, comme l'a cru M. le rapporteur, *tout le régime intérieur des colonies* (l'article 2 du projet de loi n'annonce rien de semblale), mais une portion déjà trop grande de ce régime intérieur, et notamment ce qui touche aux concessions d'affranchissement.

Sur cet objet les délégués avaient déjà représenté que, par une confusion du droit de propriété, du droit civil et du droit politique, on voulait attirer dans les attributions de la chambre une matière qu'elle n'avait aucun intérêt à réglémenter, et pour laquelle les moyens d'une juste appréciation pouvaient manquer à ses doctrines et à ses habitudes. L'affranchissement, disaient les délégués (1), n'intéresse que la société coloniale ; c'est à elle qu'il doit appartenir d'en fixer les garanties nécessaires pour que l'affranchissement ne devienne pas un fardeau soit pour celui qui le reçoit, soit pour le public. Le gouvernement de la métropole, ajoutaient-ils, n'a intérêt à intervenir qu'au moment où l'affranchi est appelé à la jouissance des droits politiques ; et cette intervention n'était point contestée par les délégués : à l'exception de cette faible réserve, ils n'élevaient aucune objection contre les stipulations de l'article 2. Ce n'était pas là vouloir se soustraire à l'action de la législature métropolitaine.

Dans le second lot, c'est-à-dire dans celui des ordonnances royales, le projet place tout ce qui concerne l'organisation et le service de la garde nationale, la police des cultes, la police de la presse, l'instruction publique, les recensements, les améliorations à introduire dans la condition des personnes non libres qui seraient compatibles avec les droits acquis, le système de pénalité applicable à cette classe pour tous les cas qui n'emportent pas la peine capitale.

Si nous en exceptons la garde nationale, dont le service aux colonies sous ce nom ou celui de milice a été constamment assimilé au service de l'armée, puisqu'il relevait des obligations de la conscription, si nous en exceptons, dis-je, cette garde nationale qui par sa spécialité constitue une force constamment mobile, et qui

(1) Observations adressées à la commission, p. 13,

par conséquent doit rester constamment et pleinement dans les mains du représentant de l'autorité royale, tout le reste de cet article, soit qu'on s'en tînt aux principes proclamés par la constituante, soit qu'on interprétât d'une manière plus étroite l'article 64, qui garantissait aux colonies des lois particulières, tout le reste, dis-je, aurait dû être abandonné aux décisions de l'assemblée ou conseil colonial ; car *s'il est juste et nécessaire*, comme le reconnaît M. le rapporteur, *que les conseils coloniaux soient nantis de toutes les attributions qu'ils peuvent exercer à l'avantage de tous*, comment justifier qu'on leur enlevât l'examen et la discussion de questions qu'ils ont le plus grand intérêt à résoudre dans le sens du maintien de l'ordre et de la paix, questions pour lesquelles ils ont plus de données que n'en pourra jamais réunir aucun pouvoir éloigné. De quelles raisons prétend-on appuyer ce retranchement d'attributions politiques si rigoureusement placées dans le droit des *gens du lieu* lorsqu'on avoue soi - même que *la complication des circonstances spéciales aux colonies est telle que les moindres résolutions y demandent une connaissance approfondie des faits, et présentent des difficultés qu'on ne peut vaincre qu'en mettant à profit des éventualités souvent passagères.*

Tout incontestables que fussent ces principes, les délégués-étaient loin d'en réclamer toutes les conséquences ; leur condescendance ne pouvait aller cependant jusqu'au sacrifice de toutes les garanties dues à leurs commettants. Du reste la modération de leurs réclamations témoignait assez de leur disposition à n'attendre que justice et protection de l'autorité royale.

Dans le lot du conseil colonial, le projet de loi n'avait laissé que des attributions insignifiantes, d'un intérêt purement municipal ou tout au plus départemental. Les délégués ne pouvaient se dispenser de réclamer en faveur des conseils coloniaux une part d'action politique qui pût éviter cet éclatant démenti que le texte du projet de loi allait donner au titre de cette même loi dont le but avoué était l'établissement *d'un régime législatif.* En effet, puisqu'on reconnaissait la nécessité de la création d'un conseil colonial destiné sans doute à suppléer autant que possible à la non-admission des députés coloniaux dans les chambres telle qu'elle résultait des débats de la dernière loi électorale, l'équité et le droit voulaient au moins que, par voie de compensation pour les garanties refusées, on livrât à l'examen et à la discussion des conseils coloniaux, toujours sous la sanction du roi, les matières d'un intérêt local analogue, à celles sur lesquelles la législature européenne était appelée à statuer.

Des observations d'une justice aussi évidente n'ont malheureusement pas encore rencontré l'assentiment qu'elles devaient attendre ou du *ministre* ou de la *commission*. A défaut d'arguments, c'est par des fins de non recevoir qu'on en a repoussé le principe et jusqu'aux plus modestes applications. « *On sait assez de quels désordres,* a dit M. le rapporteur, *fut suivie dans les colonies françaises la publication du décret constitutionnel de* 1791. »

Qui eût jamais pensé que cette réponse au cri d'un droit violé pût partir d'un pouvoir qui n'existe que par le triomphe d'un principe que la longue et sanglante anarchie de 93 n'a pu ni déshonorer ni étouffer !

De ce qu'à une époque de funeste mémoire pour la patrie dans les deux hémisphères, l'édifice colonial n'a pas supporté plus impunément que le vieux sol lui-même l'invasion peut-être un peu précipitée de mesures qui rompaient en visière à toutes les idées, ou, si l'on veut, à tous les préjugés alors reçus, comment peut-on conclure aujourd'hui à la privation de toutes les garanties consacrées par la Charte, surtout lorsqu'on avoue que *ce n'est pas inutilement que le contre-coup des révolutions qui depuis quarante ans ont agité l'Europe s'est fait ressentir aux colonies?*

Après une violation aussi manifeste et aussi peu justifiée des principes du droit public créé par l'assemblée constituante, de quelles allégations a-t-on le droit de s'étonner ? Car de ce que les législatures des colonies anglaises se sont quelquefois trouvées en opposition avec l'intervention plus ou moins judicieuse, et surtout plus ou moins *constitutionnelle,* du parlement britannique, on pouvait à la rigueur conclure contre l'existence des conseils coloniaux, mais voilà tout. Ce mode d'argumentation ne pouvait fournir de bonnes raisons pour prétendre qu'avec un conseil sans attributions, c'est-à-dire avec une *garantie nominale*, on puisse satisfaire au vœu de la loi fondamentale qui a voulu en donner de *réelles*. Les délégués l'ont déjà dit : mieux vaudrait proposer la révocation pure et simple de l'article 64: il y aurait violence, mais au moins il n'y aurait pas déception.

Que peut contre le principe d'un droit absolu que nous n'abandonnerons jamais volontairement cette objection tirée des jalousies réelles ou non des races et des couleurs? Nous direz-vous donc, législateurs européens, qu'il n'en existe pas sur le vieux sol de ces jalousies civiles et politiques, constatées si récemment encore par l'effervescence républicaine, qu'on n'a pu dompter qu'à coups de canon? Pour les faire taire, sera-ce à une dictature perpétuelle que vous aurez recours? Au moins auriez-vous soin encore de prendre le dictateur parmi vous, et le siége de la dictature ne serait ni à 1500 ni à 4000 lieues du pays à régir!

L'exemple tiré du refus d'assemblées locales fait par l'Angleterre aux colonies de la couronne ou plutôt *de conquête* (1) n'a pas été puisé à une source plus heureuse que tous les arguments qui précèdent.

M. le rapporteur n'ignore pas que la majorité de la population de tous ces établissements est ou française ou étrangère à l'Angleterre ; qu'à l'époque où elle nous enleva ces établissements, l'Angletere s'est plus mis en peine de nous appauvrir que de s'enrichir; que, dût-elle échouer dans ses expériences politiques les plus hasardeuses, il n'en aura coûté que la fortune ou la vie à ceux qui ne peuvent oublier leur origine : car, Sainte-Lucie ou l'Ile-de-France vinssent-elles à sombrer dans les abymes de l'Océan, l'Angleterre n'en aurait pas moins privé sa rivale de deux points militaires qui long-temps ont porté ombrage à sa puissance.

Aux objections déjà énoncées on en a joint de tirées de l'inégalité des conditions. Quelle est donc l'heureuse terre à l'abri de ces infirmités sociales?

Quelque bas qu'on abaisse le niveau, croit-on pouvoir détruire le principe des supériorités? Trop souvent, hélas! celles

(1) C'est le nom par lequel sont désignés dans la longue liste des établissements coloniaux de l'Angleterre ceux qu'elle a su arracher depuis 1792 à ses amis ou à ses ennemis, tels que la Trinité espagnole, Demerari, Sainte-Lucie, et l'Ile-de-France, aujourd'hui l'île Maurice.

qu'on renverse n'ont fait place qu'à des exigences plus dures, où la pauvre humanité n'a pas mieux trouvé son compte.

A ceux qui n'aspirent qu'à ces améliorations progressives, et par là même d'autant plus à l'abri des secousses rétrogrades, il suffit que le gouvernement pèse avec justice les bases des institutions nouvelles, et qu'il s'en remette au temps et aux mœurs pour faire le reste. Est-ce donc un moyen bien habile pour hâter l'époque des fusions les plus désirables, et pour faire disparaître les démarcations de castes, que de stipuler sans cesse pour des intérêts séparés, et de constater en quelque sorte leur hostilité (1), et croit-on qu'il n'eût pas été d'une politique plus éclairée et plus vraiment philanthropique de dire à tous : « Au point où sont arrivées les diverses circonstances de l'ordre social aux colonies, la loi doit intervenir pour donner une forme régulière et stable à ce que les mœurs ont déjà commencé. Une société puissante a pris la place de quelques familles isolées auxquelles a pu long-temps suffire l'autorité du foyer domestique. Ainsi modifiées, ces sociétés éprouvaient de nouveaux besoins : la morale et le droit prescrivaient qu'on s'occupât d'y pourvoir. La population actuelle de nos colonies se compose de deux classes, les libres et les non-libres. Aux premiers appartient la cité, les autres sont sous la sauvegarde de l'humanité. Tout ce que le droit sacré de propriété et le maintien de l'ordre et de la paix permettent sera fait en faveur de tous. Alors que l'autorité royale réglait seule les destinées de la métropole, il était impossible que les colonies connussent elles-mêmes un autre régime; mais depuis que les habitants du vieux sol sont arrivés à une émancipation politique

(1) « *Aux colonies, un obstacle invincible s'est présenté : c'est la peau de l'affranchi; sur son front bronzé est empreint le sceau de son origine africaine.* » Est-ce un philosophe européen, ou un partisan de l'aristocratie de la peau, qui a tenu ce langage amer, qui serait désespérant s'il était exact? Non, l'obstacle n'est pas invincible, surtout si, par une confiance trop exclusive dans l'intervention métropolitaine, on ne s'obstine point à repousser celle des hommes du lieu, si l'on veut laisser faire quelque chose au temps et à la raison : ces grandes maîtres ont obtenu d'autres victoires, et ces victoires se sont trouvées pures de désordres et de sang !

qui les a mis en jouissance de tous leurs droits, ils ont senti que le même avantage devait appartenir à leurs frères éloignés. Ces droits, déjà reconnus par la constituante, se trouvent écrits de nouveau dans l'article 64 de la Charte de 1830. De pareils engagements ne sont pas du nombre de ceux qu'on songe à éluder. »

Ce langage plein de droiture eût inspiré une confiance générale; il y avait tout à gagner à marcher dans un tel système.

Quels avantages se promet-on d'en tenter un autre ? D'arriver plus facilement à une intervention directe ou indirecte de la part des législatures européennes dans le régime intérieur des colonies. Mais, d'abord, avant de se laisser entraîner dans ces voies dangereuses où quelques esprits absolus veulent égarer le législateur européen, que celui-ci accorde au moins quelque attention à ce qui se passe en Angleterre, puisque c'est de l'exemple de l'Angleterre qu'on s'appuie pour réduire à néant les attributions des assemblées coloniales. *Elle n'a pas accordé aux colonies qu'elle a conquises récemment,* dit M. le rapporteur, *des pouvoirs dont toutes ses relations avec ses anciennes possessions lui avaient appris à redouter l'abus* (1).

Sans revenir sur l'explication assez claire que j'ai déjà donnée des différences de cette justice distributive, je me bornerai en ce moment à considérer le fait en lui-même.

A Sainte-Lucie, à Demérari, à la Trinité, à l'Ile-de-France (aujourd'hui la malheureuse Maurice), il n'existe pas d'assemblées coloniales, et le gouvernement de la Grande-Bretagne a pu introduire sans contrôle les fameuses ordonnances connues sous le nom d'ordre en conseil, dont la première apparition remonte à 1823.

Le peu de maturité qui a présidé à leur rédaction éclate dans le plus grand nombre de leurs dispositions à tel point que la métropole elle-même s'est vue forcée d'y apporter des changements notables dans les années 1826, 1828 et suivantes.

Telles qu'elles sont aujourd'hui, elles offrent à côté de quelques mesures à peu près inutiles une foule de prescriptions

(1) Ce refus n'est pas pour l'Angleterre une doctrine absolue, car c'est bien sous son patronage que les sociétés récentes de Terre-Neuve et de l'Océanie viennent de recevoir la garantie d'une charte locale.

aussi injustes que dangereuses, puisqu'elles peuvent être considérées comme attentatoires à la propriété, qu'elles sont destructives de toute autorité, et par conséquent subversives de la de la discipline, au moins aussi essentielle dans un atelier d'esclaves que dans un équipage de matelots libres.

De l'aveu même d'un des plus chauds partisans de ces brusques réformes (1), la colonie de Sainte-Lucie, qui vit sous le régime pur des ordonnances soit du conseil du roi, soit de ses gouverneurs, a admis dans toute leur étendue l'application de tous les ordres ou arrêtés tendant à modifier l'ancienne condition des esclaves (2).

(1) M. Jérémie, président de la cour à Sainte-Lucie de 1826 à 1831, aujourd'hui nommé procureur-général à Maurice.

(2) M. Jérémie, dans un ouvrage sur l'esclavage colonial, reconnaît que Sainte-Lucie « a *volontairement* admis l'affranchissement obligé;

» Que, dans cette colonie, l'esclave tient au sol et ne peut en être séparé;

» Qu'un jour par semaine lui est accordé *;

» Qu'une fois par mois il lui est permis d'aller au marché **;

» Que la loi détermine le temps qui leur est donné pour se reposer, même à l'époque la récolte ***;

» Que tout officier public est tenu de le protéger, etc, etc. »

* Ce que M. Jérémie signale comme une amélioration avait été défendu par les ordonnances françaises, parce qu'on n'avait pas jugé que la disposition de ce jour pût suffire à remplacer les distributions de vivres que les règlements français prescrivaient de faire chaque semaine aux esclaves.

** Dans les colonies françaises, le marché a lieu au bourg le plus voisin, chaque dimanche après la grand'-messe. Il y a eu l'année dernière encore, à la Jamaïque et à la Dominique, des révoltes que la loi martiale et la main du bourreau ont pu seules apaiser, et qui n'avaient d'autre origine que le mécontentement des esclaves, occasioné par la suppression de ce marché du dimanche défendu par les autorités anglaises par obéissance pour les scrupules d'un méthodisme, sinon perfide, au moins aussi ignorant qu'enthousiaste.

*** Rien de plus juste que de veiller à ce que, sous aucun prétexte, on ne surcharge de travaux le cultivateur esclave. Si, dans quelque plantation française, il survenait un tel oubli des premiers devoirs de la justice et de l'humanité, c'est au ministère public des tribunaux et cours qu'il appartient d'en connaître. Ces magistrats en ont eu de tout temps le droit; c'est un devoir qu'ils doivent remplir. La pru-

Tant de soumission dans une matière aussi délicate n'a fait qu'enflammer au lieu de satisfaire le zèle des réformateurs.

En avril 1832, on a lancé sur cette colonie deux nouvelles ordonnances dont le résultat eût été de leur ravir le peu de garanties qui leur restent pour l'administration de la justice et la conservation de leurs propriétés. Le ressort si long-temps comprimé s'est redressé, et la résistance ouverte a pris la place de l'obéissance passive.

Une assemblée générale, *non pas un conseil colonial,* puisqu'il n'en existe pas dans cette île, une assemblée générale et spontanée de tous les propriétaires libres, français, anglais, blancs et gens de couleur, a été unanime pour la rédaction d'une résolution qui prouve tout à la fois l'excès du mal et la volonté de le combattre. (1)

D'abord, l'autorité a résisté aux ouvertures qui lui ont été faites, et, comme il est de funeste tradition dans les deux hémisphères que l'autorité ne doit jamais céder, elle a même poussé la résistance jusqu'aux actes de la plus outrageuse violence envers des hommes pris parmi les plus notables du pays (2). Le premier résultat de cet abus de pouvoir a été d'arrêter tout court les travaux de la campagne, et de suspendre dans les plantations la fabrication des produits. Cependant sur la rade de l'île attendaient des bâtiments marchands que des armateurs de Londres et de Liverpool avaient expédiés dans l'espoir d'un chargement. C'est à cette considération, et non pas à un sentiment de justice, que l'autorité locale a cédé. Quoi qu'il en soit, il a bien fallu qu'elle cédât, et que le gouverneur renonçât à l'exécution de plusieurs points disciplinaires

(1) Voir, à l'Appendice, cette résolution, note *A.*

(2) Correspondances particulières des Antilles.

dence dit assez qu'ils n'en doivent pas abuser, voilà tout. Aussi cet usage du pouvoir de la magistrature ne sera-t-il jamais plus utilement employé que lorsqu'il aura été concerté avec le chef suprême de la colonie, c'est-à-dire le gouverneur. Voilà un protecteur d'esclaves bien dûment et légalement constitué, sans qu'il soit besoin d'introduire un nouvel agent, qui est loin d'offrir à tous autant de garantie. Mais quant à vouloir réglémenter à une demi-heure près le temps du travail au milieu de la récolte, je le demande aux fermiers de la Beauce et de la Picardie, accepteraient-ils de pareilles conditions de leurs ouvriers libres?

des ordres en conseil. Alors les ateliers reprenant leurs travaux, les bâtiments européens ont pu de nouveau compter sur une certaine portion de cargaison de retour.

Sous un concours de circonstances semblables la même résistance s'est manifestée à Demérari et à l'île Maurice. La protestation des planteurs dans cette dernière colonie révèle un état non moins funeste que celui constaté par les résolutions prises à Sainte-Lucie (1). Dans toutes ces colonies on est prêt à en venir au refus de l'impôt, et à se donner réciproquement toutes les garanties nécessaires pour paralyser l'effet des saisies si le gouvernement était tenté d'y procéder. Un journal anglais, *Globe and Traveller*, qui passe pour l'un des organes du cabinet, constate dans son numéro du 27 juin 1832 l'état fâcheux de Maurice par les réflexions suivantes : « L'agitation la plus grande règne à Maurice ; on y avait reçu la nouvelle des ordres du conseil transmis à Demérari, la Trinité et Sainte-Lucie, et l'on attendait par le premier vaisseau celle de leur application à toutes les colonies conquises. L'effervescence des propriétaires était à son comble ; une députation fut envoyée par eux chez le gouverneur : elle en rapporta pour réponse que, l'opinion des planteurs étant unanime, il n'essaierait pas d'exécuter les ordres en conseil s'ils arrivaient. Ces ordres, ajoute le *Globe and Traveller*, n'ont jamais été transmis de Londres à l'île Maurice. »

Pendant ce temps, quelle ligne de conduite suivait l'assemblée coloniale de la Jamaïque ? Tout en constatant que la dernière insurrection, à laquelle la seule annonce (même sans l'application) des ordres en conseil a une si large part, coûte à la colonie près de 32,000,000 fr., elle bornait sa résistance à l'ajournement des mesures qu'elle considère comme subversives, jusqu'à ce qu'elle eût pu faire entendre de nouvelles doléances au conseil du roi, et néanmoins elle votait tous les subsides avec une exactitude telle, qu'en la prorogeant (le 28 avril dernier pour le 29 mai dernier) le gouverneur, lord Belmore, rendait justice à son zèle pour le bien public en lui adressant les remercîments les plus vifs pour la manière dont elle avait

(1) Voir à l'Appendice, note *B*, la *résolution de Maurice.*

pourvu à tous les besoins du service dans l'intérêt commun de la métropole et de la colonie (1).

Ce rapprochement entre les colonies de conquête, dépourvues de toutes garanties locales, et les colonies à charte, n'a pas besoin, je crois, de longs commentaires. Indépendamment de toutes lois écrites, *la famille* et *la propriété* étant de fait les bases éternelles de toute aggrégation sociale, partout où ces intérêts sont mis en danger, ce danger implique l'obligation de recourir aux voies de conservation qui restent, et s'il n'en existe pas d'avouées par une loi écrite, le droit de nature, plus puissant que tous les codes, y pourvoira, car les chartes ne créent pas de droits, elles ne font que les reconnaître.

Est-ce donc à ces dangereuses extrémités qu'on veut amener les colonies françaises, le tout par suite d'une aveugle déférence pour un système qui ne peut supporter l'examen de la raison? Nous l'avons dit plus haut, nous le répéterons, parce qu'on ne peut trop le redire, dans les colonies françaises comme dans la métropole *la cité c'est la propriété*. Ce que vous n'avez pas fait pour les prolétaires du sol métropolitain, à quel titre le ferez-vous dans vos colonies pour le prolétaire ou l'esclave? pour l'esclave sur qui vous ne pouvez exercer d'intervention directe qu'au mépris du principe même d'une propriété reconnue telle par vos lois les plus récentes (celle même de mars1831 relative à la traite), qui, tout en s'occupant de la complète extirpation de la traite, n'en ont pas moins reconnu le fait réel de l'esclavage (1).

___

(1) *The Times* du 21 juin 1832.

(2) Autant vaut le dire ici qu'ailleurs, il ne faut pas que ce *fait* réel de l'esclavage puisse servir de justification à des doctrines équivoques. En présence de ce fait, la métropole n'a que deux partis à prendre : s'il blesse trop vivement *sa moralité*, s'il lui paraît exiger la prompte réparation d'un affranchissement général, qu'elle commence par s'occuper de *l'indemnité préalable* due au propriétaire qui n'a fait qu'obéir à des lois qu'il n'a point faites ; mais si cette circonstance d'indemnité préalable, qui est de justice rigoureuse, tempère l'ardeur du zèle philanthropique, alors qu'elle sache accepter, avec toutes ses conséquences, la réalité de ce fait, c'est-à-dire qu'elle respecte la nature de propriété qu'il représente comme toute autre propriété. Que, si, dans le système

Voulez-vous sincèrement la paix de ces établissements, seul moyen d'arriver à des améliorations effectives et durables pour toutes les classes? respectez dans l'ordre social actuel ce qui est, et n'accordez rien aux passions. Vous avez à proclamer une émancipation politique, procédez-y avec sagesse et réserve. Vos premiers essais de gouvernement représentatif datent déjà de près de quarante ans dans la mère-patrie, et ce n'est que d'hier que vous êtes descendus au chiffre actuel de vos garanties électorales. N'allez-donc pas débuter dans vos colonies par des dispositions encore plus larges. Sachez tenir compte de la différence de valeur des signes monétaires si incontestables, et surtout des *circonstances particulières* dont vous-mêmes reconnaissez l'existence, et qui vous commandent les plus grands ménagements : car ici ce dont il s'agit, ce n'est pas de modifier, mais de remuer de fond en comble la vieille organisation de ces établissements. Si vous suivez cette ligne de conduite tracée par la prudence et la justice, je ne craindrai pas de me porter garant que les propriétaires les plus anciens, c'est-à-dire les membres de l'ancienne cité, verront sans *inimitié* ni *anxiété* l'accession des nouveaux citoyens avec lesquels ils seront appelés à la jouissance commune des droits résultant du nouvel ordre de choses. Le temps fera le reste, et

d'une juste garantie pour le propriétaire d'esclaves, elle forme encore des projets d'amélioration qu'elle ne peut payer par aucun sacrifice, alors qu'elle agisse de concert avec le propriétaire : elle le trouvera toujours prêt à accueillir tout ce qui sera compatible avec le maintien de la propriété. On ne peut sortir de là : il faut indemniser le propriétaire avant de le dépouiller, ou il faut respecter la propriété, quelle qu'elle soit; ou sinon, c'est faire acte de libéralité avec la bourse d'autrui. La *haute moralité* n'enseigne pas de pareils actes. Le lecteur ne lira peut-être pas sans quelque intérêt, à l'Appendice, note C, un document assez curieux sur la part que les métropoles les plus libérales ont eue à la création de ce *fait* de l'esclavage. La France et l'Angleterre ne trouvaient point alors que leurs colonies absorbassent une assez grande quantité de cet *objet de consommation* dont *le commerce leur paraissait si profitable*. Elles s'enviaient alors ou se disputaient à coups de canon la *fourniture* des colonies étrangères. Le traité d'*Assiento* fut long-temps un objet d'envie entre les deux rivales européennes!

le fera mieux que la précipitation des esprits passionnés. Je ne sache pas qu'aucune loi européenne ait jamais songé à rien disposer en faveur de classes ou d'individus qui ne remplissent *pas encore* les conditions qui rendent aptes à une action directe dans les affaires de la cité. Les constitutions les plus libérales se sont bornées à déclarer qu'il fallait abaisser toutes les barrières et laisser courir dans la lice ouverte à tous : c'était effectivement le seul mode rationnel de procéder.

Dans quelle république, demanderai-je, les législateurs se sont-ils occupés du *déplaisir* que pouvait causer à ceux que leur importance relative n'a pas encore mis aux premiers rangs *« une règle qui ne leur assure pas la supériorité politique qu'ils ambitionnent! »* Une telle aberration ne pourrait trouver sa place que dans un code destiné à enfanter la plus déplorable anarchie.

Si dans un sujet si grave on pouvait se permettre une allusion dont le côté plaisant ne coûte rien à la raison, je rappellerais ce mot aussi spirituel que profond du vicomte de Ségur s'adressant, à une certaine époque, à un aréopage de théâtre disposé à le traiter en auteur soumis à sa vassalité : « Mais, messieurs, vous oubliez que nous sommes tous égaux! » Et nous aussi nous pourrions dire, non pas à des législateurs, ce serait leur faire injure, mais à des esprits emportés par un zèle aveugle, quoique honorable : Ah! messieurs, au nom de l'égalité, laissez - nous donc tous égaux, et n'allez pas substituer un joug à un autre joug, car vous ne pouvez le tenter sans violer tous les droits de l'éternelle justice, dont vous vous montrez les ardents défenseurs, sans amener d'ailleurs d'inévitables et sanglantes catastrophes où viendraient s'engloutir tous vos plans et toutes vos espérances d'amélioration philanthropique, tandis qu'au contraire, une fois les exclusions effacées, l'aptitude et le droit commun à tous bien déclarés, l'usage fût-il plus restreint encore que celui par où nous désirons que la prudence débute, la moindre application suffirait pour faire prendre au principe des racines inébranlables.

Quel est l'homme politique qui pourrait méconnaître cette vérité? Toute interdiction civile et politique parmi les libres une fois levée, le travail et l'économie, *seul patriciat* de nos établissements d'outre-mer, offriront tous les moyens désirables pour opérer les rapprochements et combler les distances.

Quelle que soit, au début, l'infériorité numérique des nouveaux citoyens prenant une part effective aux affaires publiques, chaque année tendra à rétablir le niveau ; et il serait fort possible que dans un laps de temps peu éloigné, la propriété, qui dans ces contrées est, de sa nature, si mobile, eût sans secousse changé de mains, et fait passer la majorité du nombre et de la fortune du côté de ceux qui arriveraient alors tout naturellement *à la supériorité politique* qu'il serait aussi absurde qu'injuste à eux *d'ambitionner aujourd'hui.*

Voilà ce qu'il est du devoir de la métropole de proclamer.

Si elle le veut sincèrement, l'ordre et la paix sont faciles à maintenir dans les colonies ; et pour cela il ne faut ni augmentation de garnison, ni accroissement de dépenses et de moyens coercitifs ; il ne faut qu'une manifestation franche et énergique, une déclaration d'où toute ambiguité soit bannie, et qui fasse connaître à tous qu'en partant du principe des droits acquis, on veut entrer dans la carrière des améliorations sociales, mais qu'on est dans la volonté ferme de n'y marcher qu'appuyé sur la loi, et que toute déviation de cette ligne et toute tentative d'excès, de quelque côté qu'elle vienne, sera sévèrement réprimée. Avec ce correctif indispensable, avec cette profession de foi du respect dû aux bases fondamentales de toute aggrégation sociale, les institutions attendues et réclamées par toutes les classes de la population coloniale commenceront pour ces établissements une ère nouvelle de prospérité dont la métropole elle-même est appelée à recueillir le fruit.

CHAPITRE VI.

SUITE DU MÊME SUJET. — APPLICATION DES PRINCIPES.

On parle beaucoup de *préjugés* coloniaux, mais il est nécessaire de faire observer que le *préjugé*, ce triste produit de l'esprit humain, n'a point de climat qui lui soit exclusivement propre, point de zone qui lui assure par exception une végétation plus vigoureuse. Partout il est le fruit de l'erreur, et l'erreur la plus innocente tient à l'absence des données exactes. Si donc les colonies ont des préjugés qui leur soient propres, les métropoles n'en sont pas plus exemptes, avec cette différence notable, cependant, que, si ceux des colonies retardent dans leur sein les progrès sociaux, ceux de la métropole, lorsqu'ils passent de la théorie dans l'application à l'égard de ces mêmes colonies qui leur sont soumises, peuvent y causer des ravages dont l'ignorance ne peut faire absoudre ni racheter la culpabilité !

Ces principes posés, je vais reprendre avec M. le rapporteur l'examen des objections par lesquelles il a cru devoir combattre les justes demandes des délégués. Si je me trouve constamment forcé de lutter à la fois contre les assertions et les doctrines, c'est qu'il m'a été impossible de ne pas voir que tout dans ce rapport, jusqu'aux détails les moins importants, a été conçu sous l'empire d'une seule pensée, celle non pas d'organiser une société d'hommes libres, mais de régir une aggrégation constamment mise en tutelle, et qui, selon M. le rapporteur, doit être condamnée à une *minorité éternelle*, car nulle part il ne croit pouvoir prendre trop de sûreté contre l'exercice des droits sociaux les plus restreints.

Ce sentiment qui le domine, avec quelle évidence n'éclate-t-il pas dans les modifications par lui proposées à l'article 3 du projet ministériel ! A ses yeux le pouvoir a été encore trop libéral en faveur de ces pauvres citoyens d'outre mer frappés de tant d'incapacités civiles et politiques, et partout où ce pouvoir concède, c'est par voie de retranchement que M. le rapporteur a cru devoir opérer.

Après avoir transporté dans le domaine des chambres quelques unes des attributions ministérielles et avoir réclamé pour ces mêmes chambres la confection des lois concernant l'organisation administrative, ce qui a sans contredit l'avantage d'offrir à ces institutions plus de stabilité ; après avoir limité à dix années l'exercice des droits laissés au pouvoir royal ; après, dis-je, l'introduction de ces changements dans l'esprit et la contexture de l'article, M. le rapporteur, arrivant au troisième paragraphe de ce même article, en propose tout simplement la suppression. Or que dit le paragraphe ?

« Seront entendus préalablement (en matière d'ordonnance) le conseil privé, auquel seront adjoints deux membres du conseil colonial, et les délégués de la colonie. »

Quelles raisons donne M. le rapporteur pour cette complète suppression ?

« Des motifs bien fondés déterminent votre commission à vous proposer cette suppression. Le conseil privé, composé, conformément à l'ordonnance du 9 fév. 1827, du gouverneur, des quatre principaux fonctionnaires civils et militaires, et *de trois conseillers choisis parmi les habitants les plus imposés,* est investi de pouvoirs dont l'étendue a souvent été l'objet de justes plaintes (1); conseil administratif, il valide, en les approuvant, les actes et les décisions du gouverneur; corps judiciaire, il décide les questions de contentieux administratif, et statue sur l'appel des jugements de première instance en matière de douanes et de commerce étranger. Il est évident que l'établissement de *conseils représentatifs* dans les colonies aura pour effet de réduire les attributions (2) du conseil privé, peut-être même d'en amener la suppression : dès lors pourquoi reconnaître une existence légale à une institution dont la nécessité n'est pas démontrée, et dont les formes et les pouvoirs subiront dans tous les cas des modifications importantes ?

» Remarquons encore que les gouverneurs vont se trouver placés dans une situation toute nouvelle. Il est impossible qu'ils ne rencontrent pas de temps en temps des résistances (3), et que des conflits ne s'élèvent entre eux et les conseils coloniaux : de là la nécessité de les dégager de toute entrave et de n'appeler personne au partage de la responsabilité de leurs actes.

(1) Jusqu'à concession nouvelle de toute autre garantie, ce n'est pas sans doute des colonies que ces plaintes peuvent émaner.

(2) Oui, s'il y a réellement des conseils coloniaux *avec action représentative:* car, dans le cas contraire, il y aurait soustraction de garanties sans compensation.

(3) Non pas dans le système de M. le rapporteur, qui met trop bon ordre à l'éventualité de ces résistances.

Aussi n'avons-nous pas hésité à retrancher de tous les articles qui en contenaient les dispositions relatives au conseil privé. C'est là, au reste, un point sur lequel *sont d'accord toutes les classes* de la population coloniale. »

Voilà une série d'arguments assez concluants contre le maintien *de l'existence légale du conseil privé*, mais rien contre l'existence de *tout conseil* quelconque, et surtout rien, je ne dis pas qui justifie, mais qui explique, en matière d'ordonnance et d'arrêtés locaux, la suppression de l'intervention *du conseil colonial* et *des délégués de la colonie.* Cependant cette soustraction valait bien la peine d'être expliquée. Car enfin, puisque le gouvernement avait reconnu lui-même l'utilité de s'éclairer de l'opinion des *gens du lieu* ou commissionnés par eux, tels que *ces trois notables du conseil privé, ces deux membres du conseil colonial, et ces délégués* que les colonies ont auprès du gouvernement du roi en Europe, il est étonnant qu'on ait pu croire que la disparution de toutes ces garanties dût être une conséquence tellement naturelle de la suppression du conseil privé, que toute explication à ce sujet devenait oiseuse et superflue. Quant à nous, qui savons le prix que les colonies mettent à cette modeste intervention consultative dont le gouvernement métropolitain avait lui-même reconnu la convenance et la justice, M. le rapporteur nous permettra de ne pas être de son avis, et de lui dire que ce n'est pas par un tel langage qu'il a le droit de se proclamer sur cette question l'organe de toutes les classes de la population coloniale.

S'il a bien voulu lire les observations qui lui ont été adressées comme aux autres membres de la commission, et même de la chambre (1), il aura vu que, tout en admettant que la mention expresse du *conseil privé* était superflue, les délégués n'en avaient pas moins reconnu le besoin de l'existence d'un conseil de gouvernement destiné seulement, il est vrai, à fournir au gouverneur une plus grande masse de lumières, mais nullement destiné à gêner ni à alléger sa responsabilité. Dès lors, il avait paru à ces mêmes délégués qu'effectivement « la loi

(1) Page 19 des Observations sur le projet de loi relatif au régime législatif, adressées aux membres de la commission par le conseil des délégués des colonies françaises.

constitutive n'avait pas à faire mention spéciale de ce conseil, ni à connaître de son organisation; ce qui les déterminait à substituer dans leurs amendements aux mots *conseil privé* ceux de *conseil de gouvernement* ou *simplement de conseil*, quand cette désignation suffisait à la clarté de la rédaction. Celle qu'ils avaient adoptée pour le § 3 était la suivante : Seront entendus préalablement, tant aux colonies qu'en Europe, *le conseil du gouvernement*, auquel seront adjoints *deux membres du conseil colonial, et les délégués de la colonie.*

Par là rien n'était préjugé sur *les formes et les pouvoirs d'une institution qui pouvait subir des modifications importantes* ; mais au moins les colonies ne se trouvaient pas déshéritées d'une garantie que leur offrait l'autorité royale.

Enfin, voulût-on admettre, dans le système de M. Passy, 1° la suppression absolue du conseil privé, 2° que par cette suppression les gens du lieu devaient également voir consacrer la suppression de toute intervention consultative, c'eût été en bonne logique une obligation de plus de consulter en matière d'ordonnances *les délégués* que les colonies ont en Europe : car s'ils sont dépouillés de cette attribution, je demanderai à M. Passy, qui, un peu plus loin, va opiner non seulement pour ne pas les admettre aux débats de la chambre, mais encore pour ne leur permettre qu'un espoir vague (sans droit et soumis au bon plaisir), de pénétrer en suppliants jusqu'au sanctuaire des commissions ; je lui demanderai pourquoi il n'a pas simplement proposé la suppression de ces fonctions, dont l'existence nominale serait abjurée par ceux qui les ont reçues, si, au lieu d'y trouver le pouvoir d'être utiles à leurs commettants, ils s'apercevaient qu'ils ne sont destinés qu'à servir de manteau aux projets de confiscation des droits les plus imprescriptibles qu'ils ont accepté la mission de défendre (1).

En examinant le partage fait par la commission entre les

(1) C'est ici le cas, je crois, de faire une observation sur le titre de *délégué* qu'une simple lettre ministérielle a substitué à celui de *député*, affecté à ces mandataires coloniaux non seulement par les ordonnances antérieures à 1830, mais aussi par celle postérieure à la révolution de juillet (23 août 1830), qui a eu le mérite de rentrer dans le sys-

chambres, l'autorité ministérielle et celle du conseil colonial, je crois avoir prouvé que l'équité n'y avait pas toujours présidé. Ce que je pourrais ajouter ici sur la nécessité d'étendre les attributions du conseil colonial tomberait dans l'inconvénient des répétitions, et ne pourrait que servir d'écho aux publications nombreuses que M. Passy n'a dû ni pu ignorer. Je ne m'appesantirai donc pas davantage sur ce sujet, ou je crois d'ailleurs avoir dit tout ce qu'il y a d'essentiel à cet égard, et je vais suivre M. le rapporteur dans l'examen de l'art. 7.

Cet article, que M. le rapporteur maintient, le conseil des délégués en avait proposé la suppression, par la raison que ses dispositions enlèvent aux colonies toute possibilité de discussion de leurs budgets : car, sous forme d'une division des dépenses en *facultatives* et *obligatoires*, la liberté du vote de l'impôt se réduirait à adopter sans amendement possible la partie dont l'administration a déjà prononcé l'invariabilité, et à ne conserver l'ombre d'une liberté de discussion que sur les allocations que les besoins du lieu rendraient encore plus irréductibles.

C'est beaucoup sans doute pour M. le rapporteur d'avoir été jusqu'à reconnaître que *les vives réclamations des délégués* sur cette matière avaient *un côté délicat et plausible.*

Mais ce n'est pas encore assez pour les droits des colons. Il ne suffit pas de rendre hommage au principe, et de faire suivre cet hommage de la proposition d'une violation éclatante. L'exercice d'un droit emporte sans doute avec lui la faculté de s'abstenir ; mais il faudrait manquer de bonne foi pour nier que la force de l'autorité confiée aux mains dépositaires du pouvoir royal est, pour les colonies, de la nature de celles dont nous

tème d'une élection directe, dont les titulaires actuels sont le produit. Il est fâcheux qu'on ait cru devoir changer pour eux ce titre de *député* en celui de délégué, au moment où le mode de leur élection ajoutait à l'analogie existante entre leur caractère et celui des députés européens. Ce n'est point ici une futile question d'amour-propre : ce n'est la faute de personne si les mots ont tant d'empire sur les choses ; mais quand il s'agit pour un mandataire de perdre quelque chose, même du pouvoir moral à exercer dans l'intérêt de son mandant, alors la susceptibilité qu'il éprouve est un sentiment honorable qu'il peut avouer.

nous occupons, une véritable condition d'existence. Dès lors, comment supposer un refus absolu de budget qui pourrait plonger la colonie dans l'anarchie, ou l'exposer à la dictature d'un gouverneur énergique, qui sentirait que son premier devoir est de ne pas laisser périr le pays. Loin donc de nous l'idée de mettre les dissidences possibles entre un gouverneur et un conseil colonial en regard du conflit qui peut survenir dans la métropole entre le gouvernement du roi et les chambres qui lui auraient refusé l'impôt. Non, jamais les conseils coloniaux, quelque liberté que la métropole accorde à leur délibération, ne seront tentés de refuser des allocations justes, surtout des allocations essentielles à l'existence du gouvernement, et ce serait étrangement abuser du droit préventif que de s'armer de cette crainte illusoire pour leur refuser la faculté d'arriver à des économies compatibles avec le bien du service? Enfin, s'il pouvait rester quelque doute sur les éventualités de l'avenir, pourquoi n'adapterait-on pas aux colonies le principe d'une espèce de liste civile votée à l'arrivée de chaque gouverneur pour toute la durée de son commandement, et destinée à couvrir les dépenses du pouvoir exécutif (1)?

M. le rapporteur doit également se tranquilliser sur un autre point : les colonies n'ont pas plus envie de désorganiser le pouvoir judiciaire que le pouvoir administratif. Mais comme ses paroles ont de la portée, il eût mieux valu sans doute qu'il ne se fît pas l'écho de ces accusations banales contre les magistrats nés aux colonies.

Toutes distinctions par catégories sont injustes et odieuses à ceux qu'elles atteignent. En fait de fonctions judiciaires, les citoyens français nés ou propriétaires aux colonies ne demandent pas de privilége ; mais ils seraient justement blessés

---

(1) M. Sully Brunet, l'un des délégués pour Bourbon, en a fait la proposition judicieuse dans son excellente brochure sur le *Système colonial* (p. 153). Dans cette hypothèse, il suffirait d'ajouter à l'art. 4 le paragraphe ci-après : « Dans la première session du conseil colonial qui suivra l'arrivée d'un nouveau gouverneur, il sera voté pour toute la durée de son administration, et sous forme de liste civile, une somme reconnue nécessaire *pour traitement et dépenses accessoires du gouvernement colonial.* »

(Sully Brunet.)

de l'adoption d'un système qui dans leur propre pays les ex-clurait de cette part des fonctions publiques qu'ils se rendent dignes d'occuper. Les magistrats nés aux colonies sont soumis aux mêmes conditions d'instruction et d'aptitude que les magistrats en Europe (1) ; ils viennent puiser cette instruction aux mêmes sources. Aux vagues accusations d'ignorance ou de partialité ils répondent par la rareté des pourvois qui s'élèvent contre leurs arrêts. Par suite d'une excessive prudence, le gouvernement a consacré le principe d'un ministère public exclusivement confié depuis quelques années à des magistrats européens : si les colonies ne s'en plaignent pas, elles pourraient s'en plaindre, car il eût été plus équitable et plus habile de ne pas prendre ni avouer de pareils engagements. Mais, que M. le rapporteur se tranquillise, les conseils coloniaux ne songeront jamais au calcul mesquin qu'on leur prête contre les magistrats venant de la métropole. Quand le colon remplit toutes les conditions de moralité et d'instruction que tout gouvernement sage doit exiger pour le dépôt des charges publiques, il est naturel qu'il y aspire, et qu'il tienne à les exercer dans son propre pays, où l'estime de ses concitoyens lui constitue une haute paye qui peut suffire à son désintéressement ; mais que le désir de faire preuve d'un zèle si honorable y amène des magistrats européens, loin qu'ils aient des antipathies à combattre, bientôt les liens de cette heureuse fraternité qui réunit ceux qu'anime un commun amour du bien public sont encore resserrés par ces mille alliances qui témoignent assez de la nature des sentiments qui accueillent les magistrats envoyés par la métropole dans ses colonies.

Aucune bonne raison n'existe donc ni parmi celles qu'on allègue et qu'on avoue, ni parmi celles qu'on insinue pour ravir aux Français d'outre mer l'exercice d'un droit commun à tous les citoyens, celui de l'examen et du vote des contributions qu'ils paient, et dont ils doivent rester juges. Cette question de l'impôt décidée, je continuerai à suivre M. le rapporteur dans l'examen du titre 2, qui traite de l'organisation du conseil colonial.

(1) Ordonnances des 30 septembre 1827 et 24 septembre 1828.

CHAPITRE VII.

SUITE DU MÊME SUJET. — DU SERMENT A LA CHARTE.—DES ATTRIBUTIONS DES DÉLÉGUÉS.

—

Les délégués n'avaient pas jugé qu'il y eût rien à dire ni sur le nombre des membres du conseil, ni sur les circonscriptions électorales. Il leur avait semblé que le ministre avait pris en suffisante considération les rapports de populations ; mais M. le rapporteur est moins confiant qu'eux (1). Il a cru voir dans deux arrondissements électoraux, à la Martinique et à la Guadeloupe, une rectification commandée par la nécessité de *proportionner exactement la représentation de chaque arrondissement électoral avec le nombre des personnes blanches et de sang mêlé qu'il renferme.*

Ce serait tomber dans une répétition inutile que de s'appesantir davantage sur l'étrangeté de cette doctrine absolue du *nombre,* en opposition avec le droit public de tous les gouvernements représentatifs quelconques. Nous laisserons donc à la chambre à apprécier le mérite d'un système qui croirait arriver plus vite et plus sûrement à la fusion politique par des dispositions basées sur des distinctions et des catégories que la loi a pour but avoué de faire disparaître.

Dans ce même titre 2 nous avons encore à examiner l'article relatif au serment, et celui relatif aux délégués.

Lorsque le conseil des délégués a cru devoir réclamer contre l'omission faite des mots *l'obéissance à la Charte* dans la formule du serment à prêter par chaque membre du conseil colonial, il lui eût été difficile de prévoir qu'on répondrait à sa

—

(1) Les délégués ont déjà en mains, pour la Guadeloupe, la preuve que, dans la répartition faite par le ministre, les arrondissements électoraux que M. le rapporteur a cru lésés par la proposition ministérielle ont été au contraire traités avec faveur, même en partant des bases du chiffre total de la population.

réclamation par une objection ainsi formulée : *Comment serait-il question de la Charte aux colonies ?*

Eh pourquoi, demanderai-je à mon tour, ne erait-il pas question de la charte aux colonies? Comment, lorsqu'on reconnaît *qu'il importe que les droits des Français qui y résident soient à l'abri de toute entreprise illégale, et que tout arbitraire disparaisse des actes de l'autorité,* peut-on ajouter qu'il *n'y a que convenance dans le silence gardé à cet égard par le projet de loi,* et trouver la raison de cette *convenance* dans l'existence de la propriété exceptionnelle, c'est-à-dire d'une population non libre, qui, par le fait même de cette situation, se trouve bien forcément *privée de toutes les libertés que la Charte reconnaît à ceux qu'elle régit.* Il m'en coûte de le dire, mais je ne puis voir dans cet argument qu'une pétition de principes, et une erreur capitale, facile à éviter, si on eût voulu examiner cette question en l'absence de toutes préocupations et de tous préjugés. Car je demanderai à M. le rapporteur si, dans les républiques anciennes, un membre quelconque de la législature eût été bien venu à proposer aux citoyens la suppression d'une seule des garanties que leur offrait leur constitution, par la raison qu'il existait au-dessous d'eux une population d'esclaves, qui effectivement ne pouvait trouver place dans les comices. Venant au temps présent, je lui demanderai encore s'il croit que les états du sud de l'Union américaine trouveraient bon qu'un membre du congrès proposât de défendre à leurs citoyens tout invocation à la charte américaine par la raison que ces citoyens possèdent aussi des esclaves! Et dès lors je le prierai de me faire apercevoir où est la *convenance du silence,* que les délégués n'avaient pris jusqu'à présent que pour une erreur de rédaction (1). Comment d'ailleurs pourrait-on concilier l'a-

______

(1) La Charte de 1830 n'a écrit nulle part que la possession d'esclaves établissait contre le maître une privation d'état.... Cette assemblée nationale, qui ne fut pas vide de sentiments généreux, souffrait bien dans son sein le propriétaire d'esclaves... Ces états de l'Union, ce berceau de la liberté, ce pays qu'on nous présente souvent comme modèle, ne voient-il pas à Washington le propriétaire de la Nouvelle-Orléans siéger à côté de celui de New-York? A-t-on dédaigné de prendre pour chef de la république l'illustre Jackson, parce que (comme Washington, le

doption d'un pareil système avec un fait accompli, c'est-à-dire la promulgation de la Charte aux colonies par le fait de son enregistrement déjà effectué dans tous les registres et greffes judiciaires, bien plus enfin la prestation de ce serment lui-même, déjà commandé à tous les habitants des colonies, fonctionnaires, miliciens ou autres ?

Le premier mérite d'une loi est d'être claire. Tant qu'elle est en discussion, on peut se diviser pour en approuver ou en blâmer les dispositions, mais jamais on ne peut faire à son texte un mérite des réticences.

La loi ne peut disposer que pour ce qui est; si elle avait des projets d'avenir, elle devrait en convenir avec franchise. Les principes de liberté qui servent de base à tous nos codes sont nés dans des pays à esclaves, et dans ces pays, l'histoire, d'accord avec les notions du plus simple bon sens, nous dit que c'est pour les hommes libres que la loi dispose et organise la société. Quand le fait de l'esclavage existe, il faut le prendre comme un fait (1).

Laissez le progrès des mœurs porter son fruit, et ne perdez pas de vue que toute tracasserie de mauvaise foi n'aboutirait qu'à contrarier la marche du progrès. En attendant, ne refusez pas aux membres actuels de la cité dans vos colonies cette garantie qu'ils trouvent pour leurs institutions et leurs droits dans cette mention expresse de la Charte qui leur offre une sauvegarde que personne ne peut leur enlever (2).

Quant à l'article 18 du projet ministériel, destiné à fixer les attributions des délégués que les colonies ont auprès du gou-

fondateur de l'indépendance américaine) il était possesseur d'esclaves. (*Sully Brunet*, Système colonial, p. 147.)

(1) Ce ne sont pas les lois de l'homme qui ont brisé le plus de fers, et presque jamais elles n'en ont brisé sans catastrophes sanglantes. La religion seule a plus fait sous ce rapport en faveur de l'humanité que les codes les plus libéraux; et ces codes eux-mêmes sont-ils autre chose que l'expression de l'adoucissement des mœurs produit par la philosophie religieuse?

(2) Toute cette question des droits absolus du citoyen français a été traitée d'une manière plus complète par l'un de nos collègues, M. Sully, dans ses *Considérations sur le système colonial.*

vernement métropolitain, ce n'est point ici que M. le rapporteur a jugé à propos d'en parler ; mais comme ce qu'il en dit incidemment vers la fin de son travail est loin de satisfaire à ce qu'attendaient les conseils généraux , aux vœux de qui les délégués se sont bornés à servir d'organes , je crois nécessaire de m'arrêter un peu sur cette question, et de le faire ici, c'est-à-dire au lieu que le projet lui assignait.

Je ne pense pas que mes collègues se fassent plus d'illusions que moi sur l'autorité des fonctions qui nous sont confiées.

L'assemblée constituante avait compris qu'en raison de la nature et de la diversité des intérêts des colonies , on ne pouvait leur assurer les moyens d'une défense trop complète. C'est à cette considération puissante qu'elle avait sans doute obéi lorsqu'en même temps qu'elle dotait les colonies de *véritables législatures locales*, elle n'en admettait pas moins leurs députés dans le sein de l'assemblée métropolitaine. (Loi du 28 septembre 1791.)

En dépit de la loi du progrès, ce n'est point ainsi qu'ont procédé ni le gouvernement, ni la commission de la chambre, en 1831.

Je ne suivrai pas M. le rapporteur dans l'argumention dont il appuie la décision de la loi électorale, qui a prononcé l'exclusion des députés coloniaux ; mais je ne puis laisser passer sans protestation cette erreur où l'entraîne la préocupation que lui cause toujours le fait de l'esclavage. Il faut que cette préocupation soit bien grande pour qu'elle fascine un esprit d'ailleurs si éclairé au point de lui faire articuler sérieusement qu'il ne pouvait être question d'admettre dans la chambre des députés coloniaux, parce qu'ils ne sont que les mandataires des maîtres, c'est-à-dire des propriétaires, et qu'ils ne sont pas mandataires des esclaves (1) !

---

(1) Si je ne citais pas, on pourrait m'accuser de dénaturer les opinions, « Aux colonies, l'état est constitué de telle sorte que là les trois quarts au moins de la population sont en servitude, partant hors de la loi commune; un code exceptionnel les régit..... Que seraient donc, par suite de ce *fait*, les députés élus par les colonies? Evidemment les mandataires d'une seule classe, les organes de ses intérêts bien ou mal

Ainsi d'une part, excellentes raisons pour que les colons n'aient pas, dans les chambres, de défenseurs de leurs intérêts; de l'autre, raisons non moins évidentes pour que ces parias de la grande famille soient dépouillés du droit de juger et régler leurs propres affaires, et raisons non moins bonnes sans doute pour ne leur laisser aucune des compensations qu'admettrait toutefois la rigueur du système qui leur est imposé. Cependant M. le rapporteur reconnaît que ce qu'il faut aux colonies, « c'est la certitude que leurs intérêts seront compris et consultés par les pouvoirs métropolitains qui auront à les régler. » Or, ajoute-t-il, « *l'article 18 doit les laisser sans inquiétude à cet égard; elles auront des délégués réunis en conseil auprès du gouvernement, et ces délégués auront toutes les facilités désirables pour suivre l'effet des réclamations et faire connaître les vœux des conseils coloniaux.* » Ici M. le rapporteur pose bien le fait du droit, mais il ne s'est pas mis en peine d'en assurer aux délégués la jouissance. Car il n'a pu se figurer qu'il donnait l'ombre d'une garantie par cette assertion purement de bienveillance : « *Comment douter que les commissions formées par les chambres ne s'empressent de les recevoir dans leur sein toutes les fois qu'ils demanderont à y être entendus ?* »

C'est précisément parce que cet article 18 ne répondait pas entièrement aux vœux des conseils généraux que les délégués y avaient proposé quelques amendements : car les vœux de ces conseils coloniaux étaient unanimes pour qu'il fût reconnu à leurs délégués 1° le droit de fournir non seulement au ministre de la marine, mais, au besoin, à tous les membres du gouvernement du roi et aux commissions des chambres, les renseignements relatifs aux intérêts généraux des colonies ;

2° La faculté, c'est-à-dire le *droit,* de poursuivre auprès de ces divers pouvoirs l'effet des délibérations et des vœux du conseil colonial.

Or, pour que cette *faculté* et ce *droit* ne leur fussent jamais contestés, il fallait qu'il en fût fait mention à l'article relatif aux délégués, et c'était dans cette modeste exigence qu'ils s'étaient renfermés. Ce n'étaient plus ces garanties com-

entendus, et non les *représentants de la population entière !* » (Paroles du rapporteur.)

plètes accordées par la constituante, et pour ainsi dire inhérentes au titre de citoyen français, qu'on réclamait; c'était une faible et bien insuffisante compensation, puisqu'on se bornait à demander d'*être entendu*; et c'est sur cette demande si restreinte qu'on a dédaigné de statuer, ou plutôt qu'on a statué négativement par le silence. Cependant il n'y aurait eu que justice d'étendre jusqu'à la tribune ce droit, d'autant plus nécessaire qu'il s'agit d'intérêts auxquels la majorité de la chambre ne peut jamais être hostile que par défaut de lumières, ce qui implique la nécessité des renseignements spéciaux. Cette demande d'admission à la tribune était d'ailleurs textuellement comprise dans les vœux formés par tous les conseils généraux des colonies. La concession, ou plutôt la satisfaction utile, quoique incomplète, réclamée par les délégués, était donc le plus juste et le meilleur moyen d'ajourner sans inconvénient la question de la présence effective des députés des colonies dans les chambres. Toute difficulté d'exécution tombait d'ailleurs devant l'analogie de ce qui se pratique dans les deux chambres par la part qu'un simple commissaire du roi, sans autre caractère politique que la plus temporaire des commissions, prend à la discussion des lois. M. Sully Brunet, dans l'ouvrage déjà cité, a complété tous les arguments en faveur du vœu exprimé à ce sujet par les conseils généraux, et a formulé ce vœu dans une rédaction dont il eût été aussi facile que juste de proposer l'adoption (1). Enfin, ce qui militait en faveur de ces réclamations, c'est que, quand bien même elles eussent été admises, la représentation des intérêts coloniaux restait encore de beaucoup moins bien garantie que celle des intérêts du moindre arrondissement européen, puisque, sans action aucune sur le vote des matières mentionnées à l'art. 2, ils restaient à cet égard dans une situation plus défavorable que celle que leur avait faite autrefois le pouvoir absolu : car ils n'avaient plus désormais qu'à répondre par une obéissance passive à des ordres que l'autorité royale, quand elle était leur seule arbitre,

___

(1) Il propose de terminer l'article 18 par ces mots : Ils (les délégués) seront, en qualité de commissaires coloniaux, admis à participer à la discussion dans les chambres, chaque fois que les chambres traiteront des matières coloniales.

leur permettait encore de soumettre à un examen constaté par l'enregistrement des cours souveraines, sanction sans laquelle alors il n'y avait pas, à bien dire, de lois pour les colonies.

CHAPITRE VIII.

CAPACITÉS ÉLECTORALES. — CONDITIONS D'ÉLIGIBILITÉ.

—

Je passe maintenant au titre 3, qui détermine *les capacités électorales et les conditions de l'éligibilité.*

· *Ici,* s'écrie M. le rapporteur, *tout est embarras, tout est incertitude, sytème d'impôts, répartition de la propriété, nombre et situation actuelle des diverses classes de la population libre..... Aux Antilles, où la presque-totalité des propriétés rurales appartient aux blancs, les hommes de couleur sont les plus nombreux, et ce serait un grave inconvénient s'ils ne pouvaient exercer dans les colléges électoraux une influence large et bien constatée.*

Toujours cette valeur absolue du *nombre*, considération si funeste à une juste appréciation de la question, et qui dans plus d'une localité manque même d'exactitude. Car ce fait du rapport des nombres n'est à peine vrai qu'à la Martinique. A la Guadeloupe, à Cayenne, à Bourbon, les blancs sont aussi ou plus nombreux que les gens de couleur. Pour moi j'avouerai que, pas plus que mon collègue de Bourbon, « je ne comprends ceux qui, en dépit d'un projet de loi qui détruit les catégories, voudraient, *comme règle d'égalité, établir que les conseils coloniaux devront nécessairement être composés de fractions déterminées blanches et de couleur,* etc., etc. (1)

« Je suis le plus haut partisan de la fusion, disait le délégué

(1) *Système colonial,* p. 156.

de Bourbon dans son essai sur le système colonial ; je l'ai con-
seillée lorsqu'il n'y avait que des résistances à rencontrer ; et
aujourd'hui qu'elle est faite à Bourbon, que la confiance la
plus entière règne au milieu des populations libres, je repousse
toute idée de catégories, *parce qu'en admettre serait s'opposer
à une fusion définitive, élever des rivalités de couleur, en un mot,
créer des priviléges* »; il eût pu ajouter en sens inverse de ceux
qu'on veut déraciner.

Il est donc vrai de dire que les inconvénients du système qui
semble dominer toutes les conceptions de M. le rapporteur ne
sont pas moins vivement sentis à Bourbon que dans toutes nos
autres colonies. Si le délégué de Bourbon a reconnu que le
maintien des catégories ne vaudrait rien pour le pays où l'on a
proclamé que le *contact des blancs et des hommes de couleur n'avait
rien d'hostile*, peut-on croire qu'il fût plus utilement approprié
aux localités où l'on a cru reconnaître l'hostilité de ce contact.

Est-ce donc un bon moyen d'effacer que d'appuyer sur le
trait qu'on veut faire disparaître ?

Sans toutes ces fâcheuses préoccupations qui dans ces questions obsèdent souvent les meilleurs esprits, on ne trouverait
probablement dans la rédaction du titre 3 aucun de ces embarras qui ont conduit M. le rapporteur à un *arrangement*
dont il a lui-même avoué l'imperfection.

Quoi de plus simple en effet que de déterminer les capacités
électorales et les conditions d'éligibilité, pourvu qu'on veuille
se contenter des bases que fournit le pays qu'il s'agit de régle-
menter ?

N'y a t-il donc de liberté possible que dans une seule forme
politique ? et l'excellence de cette forme est-elle tellement
fondamentale que tout ce qui n'est pas susceptible de la prendre soit frappé de réprobation ? Pour moi, je croyais jusqu'à présent que, par une suite même de l'invariabilité des principes,
les applications étaient soumises à une variabilité obligée.

Partant de ce principe, je me disais : Un pays où la
propriété foncière elle-même n'a qu'une valeur industrielle,
où la fréquence des mutations en biens-fonds est une des
conséquences de leur état prospère (1), un pays où le

(1) A l'époque de la plus grande prospérité des colonies, le but que

travail corporel n'est pas égalementpermis au diverses races qui l'habitent, un pays enfin où il existe non seulement, comme partout, des supériorités et des infériorités sociales, mais en outre des maîtres et des esclaves, ne peut être littéralement soumis aux formes du gouvernement européen le plus parfait, bien qu'il conserve son droit de recevoir toutes les applications analogues que son état exceptionnel ne repousse pas.

Dès lors il m'eût paru tout simple de n'envisager d'abord dans la cité que ceux qui la composent, c'est-à-dire les hommes libres, et de les associer sans distinction à son gouvernement en proportion des garanties qu'ils lui présentent. Or, pour adapter à ces sociétés ainsi modifiées une partie des formes de la société européenne, la première chose à faire était certainement de bien constater le rapport des valeurs monétaires, qui donnent un moyen d'appréciation des fortunes; ou, s'il était reconnu, comme cela est en effet, que le prix de la journée du travail est entre les colonies et la France comme trois est à un, il ne restait plus qu'à faire l'application de ce rapport dans la fixation du cens électoral, sans s'occuper de l'espèce des individus qui rempliraient les conditions de ce cens. Car les lois, lorsqu'on les destine à inspirer le respect aux peuples, ne doivent pas disposer seulement pour le jour qui les voit naître, mais doivent être calculées de manière à ce qu'un large avenir puisse venir s'y placer sans peine.

Trouvât-on cependant encore que cette assimilation complète (dont la convenance absolue serait très susceptible de controverse) restreignît trop pour le présent le cercle où devaient se mouvoir ceux appelés à l'exercice des droits politiques, il était facile de l'élargir en consacrant le principe des

se proposaient les planteurs était toujours d'arriver à une réalisation de fortune qui leur permît d'assurer dans la métropole l'avenir de leurs enfants. Or cette réalisation s'obtenait par la vente des propriétés, qui passaient ainsi dans des mains qui ne les prenaient qu'avec le même espoir de fortune. On parle souvent des dettes qui grèvent quelques propriétés dans les colonies, et on oublie toutes les fortunes foncières ou industrielles du vieux sol, qui n'ont pas d'autre origine.

adjonctions prises parmi les plus imposés, et d'arriver par là à un chiffre déterminé pour la composition des assemblées électorales.

En suivant cette voie, aucun des principes n'était faussé, et le présent, tel qu'il est, recevait les garanties qui lui sont nécessaires, et qui ne le sont pas moins à l'avenir qu'il est chargé de préparer.

Une fois la question ainsi posée et résolue pour les capacités électorales, celle des conditions d'éligibilité n'en était qu'un corollaire beaucoup moins important. Ni le ministre ni la commission elle-même n'ont contesté que le chiffre du cens d'éligibilité dût être supérieur à celui qui déterminait les capacités électorales. Quelques circonstances tenant à la division plus ou moins grande des propriétés, à la différence des cultures et à l'élévation des patentes, expliquent pourquoi ni les propositions du ministre, ni les demandes des délégués de toutes les colonies ne pouvaient tendre à des fixations identiques.

Restait donc maintenant à déterminer le mode d'appréciation du cens.

Les lumières de la raison voulaient qu'on en prît les éléments dans ce qui constitue la part la plus importante de la propriété telle qu'elle existe dans ce pays. C'est ce que le ministre avait fait par ses articles 22 et 23, où il était exprimé que la possession de chaque esclave constituait un des éléments du cens concurremment avec les contributions assises sur la propriété foncière en principal et centimes additionnels ainsi qu'avec l'impôt des patentes. J'avoue que j'ai de la peine à deviner en quoi ces dispositions contrariaient les *principes d'une haute moralité*, ni avec quels *vœux de l'humanité ce système pouvait être en désaccord.* Car il ne préjugeait rien pour l'avenir, et ne le liait en aucune façon, se bornant à disposer conformément à ce qui existe au moment de la création de la loi, c'est-à-dire ainsi que le veulent les plus simples règles de la justice et de la raison.

Une objection cependant pouvait être faite, mais ce n'est pas celle qu'on a élevée : c'est qu'il y avait inutilité dans la spécification fournie par les articles 22 et 23. En effet, il suffisait certainement à la loi de reproduire le principe déjà consacré par la législation française d'Europe, c'est-à-dire que le cens ne pouvait être composé que des contributions directes ; le reste pouvait être fait par un arrêté local approprié à chaque colonie où devait se faire l'application. Car il ne faut pas confondre le but avec le moyen. Le but de toute bonne législation politique est d'assurer aux citoyens les garanties nécessaires pour leurs droits. Ce point de la question est le seul immuable. Quant aux moyens, ils peuvent et même doivent varier selon les lieux et les temps. Le système des contributions n'est et ne peut être identique entre la France et ses colonies, qui, comme je le répète, n'ont été fondées que comme de grandes usines destinées à accroître la richesse industrielle de la métropole (et dont la conservation lui importe à ce titre et à celui de positions militaires ou maritimes nécessaires à son pavillon et à sa puissance). Or le système des contributions directes se compose : 1º de l'impôt sur les propriétés urbaines, qui n'est pas si léger que l'a cru M. le rapporteur, puisqu'il s'élève à près de six, et souvent au-delà de six pour cent d'un revenu présumé;

2º De celui des patentes, dont il y a sept classes, le tarif de celles de première classe s'élevant aux Antilles jusqu'à 1,000 f., c'est-à-dire au-dessus du cens d'éligibilité proposé par le ministre, et accepté par les délégués;

3º Du droit de sortie, qui n'est pas, comme l'a encore cru M. le rapporteur, malgré la forme sous laquelle il se perçoit, un droit de douane (1) : car sa création, qui ne remonte pas au-delà de 1809, fut destinée à prendre la place de la capitation ou impôt payé par tête d'esclave qu'un long usage avait consacré,

---

(1) Cette expression de *douane* entre une métropole et sa colonie m'a toujours paru un contre-sens d'autant plus déplorable, que, les *mots* exerçant une influence incontestable sur les choses, ceux-ci tendent à constater une séparation d'intérêts qui n'existe pas. A l'arrivée dans la métropole des produits du sol colonial, je comprends la perception *d'un droit de consommation;* mais celui d'entrée en douane devrait, selon moi, être réservé aux provenances de l'étranger. Il y a eu effectivement un temps où chaque province de France était séparée de la province frontière par un système de droits locaux : ce n'est pas là l'époque de la prospérité industrielle et commerciale, et on peut s'étonner qu'on ait laissé subsister le principe, ou, pour mieux dire, qu'on l'ait créé pour certaines localités, après qu'on avait reconnu l'utilité et la justice qu'il y

et qui est encore en vigueur à l'île Bourbon, cette colonie dont M. le rapporteur a bien voulu reconnaître l'heureuse situation sociale. Je n'ai pas très présentes les causes de cette substitution du droit de sortie à l'impôt de capitation dans les Antilles; mais l'époque à laquelle elle eut lieu me donne le droit de penser que, comme cette époque en fut une de grande gêne pour le planteur, qui ne pouvait faire aucun argent de ses denrées, et qui, par conséquent, devait être souvent dans l'impossibilité d'acquitter l'impôt de capitation, on crut acquérir une chance pour la rentrée de l'impôt en l'asseyant sur la sortie de la denrée, qui en supposait toujours la vente. Quoi qu'il en soit, cette portion du revenu public n'en a pas moins conservé sa qualité originaire, c'est-à-dire son caractère de *contributions directes*, et rien n'eût été plus facile que de le faire entrer comme élément dans le calcul du cens. Les difficultés qu'a cru y voir M. le rapporteur, un arrêté local eût pu les surmonter; et s'il eût été nécessaire d'y recourir, une commission établie dans chaque commune (ainsi que cela deviendrait indispensable pour l'estimation du revenu selon le système de M. Passy) eût fourni tous les moyens d'établir comment le montant des droits de sortie pouvait servir à constater le droit aux fonctions politiques des producteurs qui livrent au dehors. Quant à ceux qui vendent dans l'intérieur au détail, et ce qu'on appelle à la balance, les impôts actuels qui les atteignent à ce titre eussent fait plus que compensation avec le déficit résultant pour eux de la non-production des pièces constatant l'acquit des droits à la sortie. On a donc quelque lieu de s'étonner que M. le rapporteur ait cru pouvoir repousser cet élément du cens (dont la constatation n'a pas plus de difficulté que celle du revenu, puisque dans l'un et l'autre cas il faut recourir aux commissions communales), et qu'il ait montré tant d'éloignement pour le

avait à le faire disparaître entre d'autres fractions du même empire. Je dis *créé*, car le système des droits exorbitants mis sur les produits coloniaux à leur entrée dans le royaume continental date de 1816. Le malheur des temps servait d'excuse, et une fois cette mine ouverte au fisc, il n'y eut plus moyen de fermer l'abyme ; on s'en excusait par une plaisanterie au-dessous de la dignité de la tribune, en disant que cette *douceur* se prêtait merveilleusement à l'impôt.

système présenté par le ministre. Car ce système était d'une exécution facile, et garantissait tous les droits, puisqu'il statuait pour chacun en raison du nombre des esclaves qu'il possède, ce qui s'appliquait par conséquent avec égalité à toutes les propriétés comme à toutes les industries, soit qu'elles fussent aux mains des blancs ou des gens de couleur. Il ne privait pas d'ailleurs le propriétaire des petites usines, telles que chaufourneries, poteries et distilleries (dont un certain nombre appartient, comme le sait bien M. le rapporteur, à la classe de couleur), il ne les privait pas, dis-je, de la faculté de réclamer l'établissement de leur cens en raison de la quotité spéciale plus élevée imposée pour la possession des esclaves employés à ces industries diverses.

Quelle est donc l'énigme de ces *sentiments de haute moralité*, de ces vœux de l'humanité allégués par M. le rapporteur? Est-ce encore au fait même de l'esclavage qu'il faut s'en prendre de ces susceptibilités, dont le défaut de franchise est loin d'émousser le danger? Mais alors je me croirai en droit de demander si la commission peut être admise, par ses doctrines comme par ses réticences, à venir ébranler les garanties inviolables de la propriété, respectée par tous les pouvoirs qui se sont succédé en France depuis 1789, et consacrée par la loi même de 1831 contre la traite (1); si, aux yeux de la commission et de son rapporteur, cette propriété coloniale n'est pas aussi inviolable que la propriété continentale des autres citoyens français; ou, en d'autres termes, si ce droit de propriété cesse d'en être un par cela qu'il peut être plus impunément violé?

Au reste, s'il ne se fût agi que d'aller au-devant des susceptibilités de la commission, les délégués des colonies, lorsqu'ils furent admis dans son sein, proposèrent au système du minis-

___

(1) Les décrets des 8 et 28 mars 1790 mettaient les colons et *leurs propriétés* sous la sauvegarde spéciale de la nation, déclarant *criminel envers la nation* quiconque travaillerait à exciter des soulèvements contre eux. Enfin, les arrêtés des consuls et l'art. 545 du code civil, promulgués et appliqués depuis 1803 et 1805 dans les colonies, avaient le but avoué de garantir la propriété sous toutes ses formes.

tre une modification qui pouvait tout concilier. Cette modification avait encore le mérite de prouver qu'aucune arrière-pen-
sée de prééminence pour une classe quelconque n'avait trouvé
accueil en l'esprit des délégués, et qu'ils n'avaient pas prétendu
lier l'avenir tout en respectant le présent. Il ne s'agissait que
de remplacer dans l'art. 23 ces mots, *il sera tenu compte par chaque noir recensé*, par ceux-ci : « Il sera tenu compte par chaque cultivateur, ouvrier ou domestique de tout sexe, au-
dessus de quatorze ans, de quelque condition qu'il soit, et à
quelque titre qu'il soit employé, même par contrat de louage,
pourvu qu'il y ait possession annale ou bail d'au moins trois
années, etc., etc. » ; en faisant une substitution analogue au
mot *noirs* de l'art. 22.

Cette rédaction avait l'avantage 1° d'assurer effectivement
une répartition plus véridique de l'exercice des droits politiques, en y faisant entrer comme élément du cens le travail
des individus employés, cet élément principal de la propriété
dans un pays où elle est essentiellement industrielle et viagère ;

2° D'être d'une application et d'une vérification également
faciles ;

3° D'offrir les mêmes garanties à l'habitant des villes qu'à
celui des campagnes;

4° D'assurer autant que tout autre mode un nombre suffisant d'électeurs, et d'ouvrir aux propriétaires et aux industriels des villes, c'est-à-dire aux hommes de couleurs aisés,
toutes les chances désirables à la participation des droits politiques.

5° Elle devait avoir en outre, aux yeux de M. le rapporteur, le mérite de faire disparaître dans le système du ministre
les mots qui l'ont offusqué.

On a peine à comprendre comment toutes ces considérations n'ont pu suffire à concilier à cette proposition l'appro-
bation de la commission. Mais comme elle ne crut pas même
devoir répondre par une seule objection à la communication
qui lui en fut faite, et que son rapporteur ne l'a ni mentionnée
ni réfutée dans son travail, il me permettra de rester dans la
conviction qu'il n'a pas cherché à ébranler sur ce point, et
qui me détermine à croire que ce système était de beaucoup
préférable à celui qu'il a produit et adopté. Dans la même

note remise à la commission par les délégués, ceux-ci avaient à la vérité subsidiairement, dans un esprit de conciliation, proposé de baser le cens politique sur le revenu; mais ils ne se dissimulaient pas ce qu'il y avait de vague et d'indéterminé dans cette indication; ils comprenaient parfaitement que, pour que cette théorie passât dans l'application, il faudrait procéder à des estimations de fortune, toujours fort difficiles à faire là où l'industrie joue un si grand rôle dans la valeur réelle de la propriété; ils savaient en outre ce que ce mot de revenu a, dans nos colonies, d'indéterminé, et ce qu'il pouvait avoir quelquefois d'absurde en lui-même, alors que d'une année à l'autre une plantation considérable peut n'avoir pour produit que ses charges, ainsi qu'il arrive lorsque les sucres tombent à 15 et 16 f. les cinquante kilogrammes, comme on les a vus de 1830 à 1831. Aucun de ces inconvénients si réels n'a pu arrêter la commission; et c'est pour ce système du droit politique, fondé sur le revenu, qu'elle s'est décidée, en statuant, article 22 du projet amendé, « que, pour établir le sens déterminé par les articles 20 et 21 (1), on pourra cumuler avec les contributions foncières, en principal et centimes additionnels, et l'impôt des patentes, les propriétés ou portions de propriété *non imposées, à raison du quart de leur revenu pris comme élément du cens;* » rédaction qui, outre l'inconvénient du principe, pèche par le défaut d'exactitude et de clarté. Car d'abord, ainsi que je l'ai déjà fait observer, on n'a pas le droit d'appeler *propriété non imposée* la propriété foncière, puisque l'impôt de capitation qui pesait sur elle sous cette forme n'y pèse pas moins durement ni moins réellement sous celle du droit de sortie. L'énoncé des arrêtés administratifs n'admet point de doute à cet égard (2). En second lieu, les articles 20 et 21 établissant que, pour être

---

(1) Ces articles admettent pour règle que le revenu net doit être égal à quatre fois la somme fixée pour le cens électoral et d'éligibilité.

(2) Les arrêtés administratifs en matière d'impôt sont ceux qui déterminent la contribution annuelle, c'est-à-dire qui forment le budget, qui, par là, se trouve jusqu'à présent fixé par la *seule* autorité du gouverneur, juge unique du mérite des objections élevées en conseil privé

électeur ou élu au conseil colonial, il faut en contributions directes payer telle somme *ou* justifier de la possession d'une propriété produisant un revenu net égal à quatre fois la somme fixée pour le cens, je ne puis trouver heureuse la rédaction qui termine l'art. 22. Cet article eût certainement été plus clair rédigé comme il suit : « On pourra cumuler, etc., etc., et le quart des revenus nets des propriétés agricoles, conformément à ce qui a été réglé par les art. 20 et 21. »

Cette rédaction n'eût pas au reste sauvé le vice du principe adopté. Toute fixation basée sur le revenu péchera toujours par le défaut de précision et d'exactitude, et par l'impossibilité d'une analogie équitable, c'est-à-dire qu'elle manquera de toute justice en matière de droits politiques à exercer.

Par sa spécification des *propriétés non imposées*, M. le rapporteur a sans doute fait distinction de celles dont il estime que le *revenu* doit *seul* entrer comme élément dans le sens politique ; mais, le principe du revenu une fois admis, de quel droit voudrait-on empêcher le propriétaire de toute espèce de propriété, de maisons de ville par exemple, d'en réclamer à son profit le bienfait? de quel droit pourrait-on lui opposer que, sur un revenu net de 3,000 fr. en maison, qui, au taux de 6 p. 0/0, ne constitue pas une contribution de 200 fr., il n'a pas même le droit d'être *électeur,* tandis que le propriétaire d'un fonds agricole d'un revenu prouvé de 2,400 f. serait, dans le système de M. Passy, *éligible* au conseil colonial.

Dans les propriétés agricoles elles-mêmes, le revenu n'est presque jamais proportionnel à l'importance des capitaux engagés. Or, dans ce pays, et dans le temps présent surtout, on ne fait point sa position ; heureux quand on peut supporter celle que le hasard ou le malheur du temps vous a faite ! Un habitant cafeyer qui récolte 1,500 livres de café, vendu à 80 c., a plus de 1,200 fr. de revenu, car ce produit est grevé de peu de dépenses, et n'acquitte vis-à-vis du trésor qu'une charge de 37 fr. 20 c.

ou de celles que le conseil général élève contre le travail lorsqu'il lui est communiqué.

D'autre part, une sucrerie estimée 5oo,ooo fr. peut ne pas rapporter 20,000 fr. de revenu, les deux dernières années en font foi ; et comme elle est souvent possédée indivise par un grand nombre d'intéressés, il pourrait arriver qu'elle ne conférât à aucun d'eux l'exercice des droits politiques.

A côté de cette situation, qu'on envisage celle d'un propriétaire qui, sur un fonds de terre d'une valeur n'excédant pas de beaucoup 20,000 fr., peut cependant, s'il est à la porte d'une ville et s'il se livre à la petite culture (légumes et vivres), jouir d'un revenu net de 2,4oo fr., ce qui le rendra éligible au conseil, alors que le propriétaire de maisons jouissant d'un revenu de 3,000 fr. s'en trouverait exclus.

En présence de tels faits, qu'il a pu ignorer, j'aime à penser que M. le rapporteur reconnaîtrait lui-même les défectuosités de son système, et la préférence que mériterait, aux yeux d'une stricte justice, celui du ministre, avec ou sans les modifications proposées par les délégués.

Que si cependant on voulait asseoir le droit d'exercice des fonctions politiques sur une autre appréciation de la fortune que celle qui résulte du système ministériel, ce ne serait jamais dans l'estimation du revenu qu'on pourrait se flatter de trouver une base équitable, mais plutôt encore dans la valeur réelle des propriétés, en partant du principe que l'impôt, dans quelque pays que ce soit, ne peut, sans devenir intolérable, demander au-delà du cinquième des revenus privés pour constituer le revenu public, et que par conséquent la propriété qui conférerait l'exercice des droits politiques doit au moins s'élever à une valeur capitale dont l'intérêt légal fût le quintuple du cens exigé. Dans cette hypothèse, le dernier membre de la phrase du paragraphe qui termine l'art. 20 du projet ministériel pourrait être rédigé ainsi : « Ou justifier de la possession « d'une propriété s'élevant en capital à une valeur dont l'in-« térêt légal fût le quintuple du cens exigé. »

CHAPITRE IX.

SUITE DU MÊME SUJET.

Passons aux applications qu'a faites M. le rapporteur du principe en faveur duquel il s'est décidé.

Je tâcherai de ne pas répéter ce que j'ai déjà eu occasion de dire pour justifier les propositions que les délégués avaient successivement adressées au ministre et à la commission, au sujet de la fixation du cens.

La nouveauté de l'essai politique qu'on allait tenter, la répartition et la nature des propriétés, enfin les dissemblances entre des colonies à quatre mille lieues les unes des autres, disent assez qu'elles ne peuvent être convenablement soumises à une identité absolue de dispositions. Ici une propriété plus divisée, ou une agriculture plus récemment modifiée ; là, plus d'agglomération de capitaux et un autre mode d'exploitation, avaient fourni à chaque délégation des raisons à l'appui de ses demandes particulières. Ces raisons avaient été exposées au ministre ; il en a reproduit une partie devant la chambre, sans les combattre, sans même chercher à les affaiblir. Les délégués admis près de la commission s'étaient efforcés de les compléter et de les corroborer de tous les arguments et de tous les faits (1) dont ils pouvaient fournir les preuves.

Le rapporteur de cette commission n'a pas jugé nécessaire d'en discuter le mérite sans être arrêté par la considération de ce qu'il pouvait y avoir d'arbitraire dans un arrêt non motivé qui condamne à la fois le système du ministre et celui des délégués.

___

(1) La journée d'un maître ouvrier tel que forgeron, charpentier, maçon, se paie dans nos colonies depuis 5 jusqu'à 10 et 12 fr.; celle d'un compagnon de 2 fr. 50 à 3 fr., avec nourriture.

, Le ministre avait proposé pour cens électoral,

A la Martinique et à la Guadeloupe . . . . 400 fr.
A Bourbon 300
A la Guyanne 200

Les délégués dans leurs observations motivées demandaient que le cens électoral fût fixé, savoir :

Pour la Martinique et la Guadeloupe, à . . . . . 600 fr.
Pour Bourbon et la Guyanne, à 300

Le ministre de la marine avait proposé pour cens d'éligibilité au conseil colonial,

Pour la Martinique et la Guadeloupe . . . . 800 fr.
Pour Bourbon 600
Pour la Guyanne 400

Les délégués demandaient que le cens d'éligibilité fût à la Martinique et à la Guadeloupe, suivant la proposition ministérielle, de. . . . . 800 fr.
A Bourbon et à la Guyanne 400

M. le rapporteur, sans autres motifs que ceux indirectement-exprimés dans ses considérations générales, sembla n'avoir envisagé cette fixation que comme s'il se fût agi d'une allocation de budget, qu'il est toujours populaire de réduire, et proposa pour le cens électoral,

A la Martinique et à la Guadeloupe. . . . . 300 fr.
A Bourbon et à la Guyanne. 200
Et pour cens d'éligibilité,
A la Martinique et à la Guadeloupe 600
A Bourbon et à la Guyanne. 400

A ces réductions non justifiées je n'opposerai que le souvenir d'une partie des argnments déjà présentés.

Cette réduction du cens politique ne pouvait pas même se justifier par le désir d'accroître le nombre des électeurs et des éligibles. Car dans leur système même les délégués avaient offert à la commission, par l'adjonction à chaque collége d'un certain nombre des plus imposés, avaient offert, dis-je, la certitude d'un résultat présentant en faveur des libres de toute espèce une proportion bien plus favorable à l'exercice des droits politiques que celle dont jouit la population de France (1).

La fixation du cens d'éligibilité à ¡800 fr. par le ministre n'avait non plus rien de contraire à l'égalité des droits de tous : car il faut bien reconnaître, à moins d'ajouter, comme article supplémentaire à la loi du régime législatif, une mesure de confiscation ; il faut bien, dis-je, se résigner à reconnaître dans le moment présent la constitution de la propriété pour ce qu'elle est. Or cette constitution de la propriété, toute susceptible qu'elle soit des modifications qui pourront résulter du parti qu'il sera libre à tous de tirer d'un travail et d'une industrie sans entraves, donne en ce moment une majorité

(1) En admettant le cens électoral tel que les délégués l'avaient demandé, il était facile de s'assurer d'un nombre d'électeurs comparativement plus grand que celui qui exerce des fonctions politiques dans la métropole, car la portion de propriété ou d'industrie placée entre les mains des gens de couleur répondait de leur participation aux élections. D'ailleurs, désireux de prévenir toute objection, même la moins fondée, les délégués avaient proposé l'adjonction des plus imposés (adjonction qui eût nécessairement appelé un grand nombre de propriétaires appartenant à la classe de couleur), en nombre suffisant pour assurer à la Martinique 700 électeurs, à la Guadeloupe 800, à Bourbon 1,200, à la Guyanne 300, ce qui établissait entre le nombre des libres et celui des électeurs des rapports basés sur l'échelle la plus favorable. La France est loin d'offrir une proportion aussi avantageuse entre la population et l'exercice des droits politiques que celle pour laquelle les délégués des colonies ont présenté à la commission de la chambre les moyens d'exécution. Les délégués ont laissé à la commission une note dont les bases offraient les résultats suivants :

	Libres	Electeurs	Rapport	Rapport des électeurs à toute la population, y compris les esclaves.
Martinique	27,000	700	:: 38 : 1	:: 160 : 1
Guadeloupe	33,000	800	:: 41 : 1	:: 166 : 1
Bourbon	31,000	1,200	:: 25 : 1	:: 85 : 1
Guyane	3,800	300	:: 12 : 1	:: 79 : 1

En France, sur 32,000,000 d'habitants d'espèce et de situation homogènes, c'est-à-dire tous libres, le rapport des droits politiques entre une population de 32,000,000 et un chiffre de 180,000 électeurs est comme 177 est à 1.

forcée à ceux qu'une possession et une industrie plus anciennes ont nécessairement rendus dépositaires d'une plus grande masse de fortune. Ceci n'est pas particulier aux colonies, c'est la loi commune à toutes les sociétés : la violence seule peut la détruire. Je ne ferai pas aux législateurs de 1832 l'injure de leur supposer ni de pareils plans, ni de pareils vœux ; mais je croirai pouvoir leur dire : Cette loi commune qui ne périt que dans d'horribles perturbations où viennent périr aussi tant d'autres intérêts qui ne croyaient pas à la solidarité qu'ils ont avec elle, cette loi commune, il faut en tenir compte dans l'intérêt même des améliorations sociales que vous désirez. La politique la plus vulgaire, bien qu'elle n'ait pas toujours été écoutée, dit qu'il ne faut pas blesser l'adversaire qu'on ne veut ou ne peut pas tuer. Par analogie je dirai qu'il est absurde de ne montrer que défiance et hostilité à des hommes dont le concours est indispensable pour la mise en pratique des idées qu'on croit juste d'appliquer.

A ce jour la fortune, et par conséquent le pouvoir sinon d'action au moins de résistance, est encore entre les mains de la classe blanche : et il n'y a que des bouleversements anarchiques qui puissent changer brusquement et par la violence cet état de choses ; mais je me hâte d'ajouter que la majorité de cette classe est très disposée à confondre ses intérêts avec ceux des propriétaires de toute origine, c'est-à-dire de tous les libres qui ont quelque intérêt au maintien de l'ordre ; et sous ce rapport je ne crois pas la population des colonies moins avancée que celle de la métropole. Maintenant croit-on de bonne foi que c'est par des dispositions dont le caractère hostile serait évident qu'on accélérera l'époque de ce rapprochement et de cette fusion tant désirés ? Je n'hésiterai pas à dire que non, et je ne doute pas que l'appel que je fais à la conscience de tous nos juges ne les range à mon opinion.

Mais qu'à la place d'une loi de défiance et d'inimitié ce soit une loi de paix, d'ordre et de confiance, qui se charge d'inaugurer les institutions nouvelles, et vous verrez les mœurs même, qui auraient fait obstacle, devenir de puissants auxiliaires.

L'abaissement inutile des cens d'électorat et d'éligibilité, qu'aurait-il produit ? Une nouvelle ardeur de lutte dont il est

fort douteux que le résultat eût abouti à autre chose qu'à ra-
viver toutes les haines, et enflammer toutes les mauvaises passions.

Dans le cas contraire, je ne doute pas que vous ne voyiez les
esprits sages exercer sur les votes assez de cette influence qu'ils
n'auront que dans cette circonstance spéciale pour faire arriver au conseil colonial des hommes pris dans cette même
classe dont vous désirez voir accroître l'importance. Ce que
je dis là, je l'ai conseillé hautement, et je crois pouvoir dire
que j'ai été entendu par de bons esprits qui ne refuseront pas
leur concours indispensable, mais qui ne peut être efficace
qu'autant qu'on n'en aura pas à l'avance paralysé le pouvoir
par des dispositions qui leur enlèveraient probablement tout à
la fois et la puissance, et la volonté d'une heureuse intervention.

D'ailleurs que demandaient les délégués? étaient-ce donc
des priviléges? Non : ils se bornaient à demander qu'on n'en
créât pas de nouveaux. Ils ne réclamaient que l'application
pure et simple des principes de la plus stricte justice. Ils ne se
présentaient qu'appuyés des aveux mêmes du ministre. Etait-
ce donc le cas de ne tenir aucun compte des rapports de valeur du signe monétaire, constaté par le prix de tous les objets de consommation et celui de la journée de travail libre, et de dépasser ainsi du premier pas toutes les limites de
l'analogie avec le cens politique de la métropole? Etait-ce
donc le cas de faire abstraction des longs essais qui, en France,
avaient précédé la réduction de ce cens au taux actuel, pour
en faire une application exagérée à un pays où se faisait la
première épreuve du système d'élection? Et tout cela pour
arriver à quoi? à produire un nombre d'électeurs bien supérieur sans doute aux besoins politiques réels, puisque déjà,
dans le système des délégués, on pouvait trouver le moyen de
dépasser de beaucoup les rapports du même genre entre la population métropolitaine et la population libre des colonies.

Toutes ces considérations, et bien d'autres encore, tirées de
l'état spécial de nos colonies, furent mises de vive voix et par
écrit sous les yeux de la commisssion ; mais, comme si elle eût
craint de consacrer un *précédent dangereux,* elle s'arrêta au parti
qu'elle semblait avoir pris d'éviter toute discussion orale avec
ceux qui étaient le mieux en position de l'éclairer, et qui n'ap-

portaient à cette entrevue qu'un amour sincère de la vérité et du bien public. Les délégués durent donc se retirer sans savoir quel degré de confiance on accordait à leurs renseignements ; mais ce qui ne put leur échapper, c'est qu'une idée préoccupait la majorité des membres de la commission : c'était toujours cette malheureue question du nombre et du *combien* il y aurait de citoyens de telle ou telle catégorie admis à l'exercice des droits politiques. Un seul membre de la commission (et je ne crois pas qu'il y ait d'indiscrétion à révéler cette circonstance) se montra exclusivement occupé de la priorité qu'on devait donner au principe sur ses applications possibles, et reconnut hautement qu'il ne s'agissait pas de statuer pour les personnes, mais en faveur des institutions, qui naturellement porteraient leur fruit. La conscience du droit dictait seule cette opinion, qui devait avoir d'autant plus de poids que celui qui s'en rendait l'organe ne peut être suspect de prédilection pour la constitution actuelle de la société coloniale.

Dans ce long conflit d'opinions il n'aura probablement pas échappé à nos lecteurs que la plus grande difficulté des solutions tient au défaut de données locales.

Vouloir tout spécifier dans une loi qui ne peut recevoir d'application que dans un si grand éloignement et dans un ordre de choses et d'événements dont la connaissance manque à la majorité de ses auteurs, c'est vouloir exposer les commissions les plus consciencieuses et les chambres d'ailleurs les plus éclairées à voter des institutions impraticables.

Ce qui aurait dû suffire aux pouvoirs métropolitains, c'était de proclamer les principes qui doivent dominer la question, et d'en déposer le germe dans le sein même des pouvoirs locaux mieux placés pour les rendre féconds en applications heureuses.

Tel devrait être aussi aux yeux d'une politique élevée la raison principale pour accorder aux conseils coloniaux cette latitude d'action que les délégués ont réclamée pour eux.

—

Paris, 25 septembre 1832.

RÉSUMÉ.

—

Je n'ai pas besoin, je crois, de longues protestations pour prouver que, lorsque j'ai entrepris cette réfutation du travail de M. Passy, je n'ai nullement cherché le triste avantage d'avoir raison contre des juges qui se sont constitués et restent par le fait les arbitres de la cause; mais j'espère au moins qu'ils ne verront dans l'indépendance même de mes arguments qu'une preuve de la confiance que leur caractère m'inspire, et qu'ils voudront bien reconnaître que, si j'en appelais à Philippe mieux informé, c'est que je crois à la conscience de Philippe.

Je persisterai donc à dire 1° que les citoyens français (et sous ce titre je comprends tous ceux à qui la métropole souveraine peut l'accorder sans violation du droit de propriété), que tous ces citoyens, dis-je, ont des droits politiques égaux à ceux des habitants du territoire continental ;

2° Qu'on ne peut leur demander le sacrifice que de la portion de ces droits qu'ils ne pourraient exercer sans préjudice pour eux-mêmes et pour la mère-patrie ;

3° Qu'il n'y a pas de raison pour que ce sacrifice s'étende à ce qui dépend de leur régime intérieur, qu'ils ont seuls qualité pour juger et régler ;

4° Qu'en conséquence de ce principe de droit commun, que la Charte de 1830 a fait passer dans le droit écrit, nos colonies doivent être dotées d'assemblées locales librement élues, et investies de la faculté de régler, sous la sanction du représentant et dépositaire de l'autorité royale, tout ce qui est du ressort de leurs intérêts locaux, notamment leur budget, l'affranchissement civil des esclaves, la pénalité de ces mêmes esclaves, la peine capitale non comprise; enfin, toutes les questions de régime intérieur qui n'intéressent que la localité;

5° Que les cens politiques qui donnent le droit de conférer ou d'exercer les fonctions de membre de la législature locale doivent être déterminés dans un rapport d'analogie au moins égal à ce qui se pratique en France, et qu'on ne pourrait, sans manquer à la bonne foi, arguer tour à tour de l'infériorité du cens pour resteindre les attributions de la législature, et de la restriction de ces attributions pour justifier l'infériorité du cens;

6° Qu'on ne peut non plus, sans courir volontairement la chance à peu près certaine de la ruine de ces établissements, ne pas tenir compte de l'état présent de la société coloniale, ce qui n'aboutirait d'ailleurs qu'à noyer dans un abyme commun les droits qui existent et ceux qu'on veut créer;

7° Qu'après un partage équitable d'attributions fait par la métropole entre les chambres, le pouvoir royal et les assemblées coloniales, on ne peut, en ce qui tient au pouvoir royal, qui se manifeste et s'exerce par voie d'ordonnance et d'arrêtés locaux, enlever aux colonies, sans compensation suffisante, les garanties qu'elle possèdent aujourd'hui et celles que le projet du gouvernement leur accorde ou leur reconnaît : ceci doit s'entendre de toutes les suppressions faites par M. le rapporteur, qui, après avoir resserré la sphère des attributions du conseil colonial, n'en a pas moins proposé de ravir aux colonies les garanties qui résultaient ou devaient résulter pour elles de la composition actuelle des conseils privés et de la latitude d'action accordée ou réclamée (au nom des conseils généraux actuels) pour les délégués que ces mêmes colonies ont en Europe;

8° Qu'en ce qui touche spécialement les fonctions et les pouvoirs de ces délégués, comme on ne doit pas perdre de vue que leur institution est destinée à suppléer, autant que possible, à une présence réelle dans la chambre, et à une participation directe aux travaux de la législature métropolitaine, il est de rigoureuse justice de leur reconnaître tous les moyens d'action compatibles avec leur caractère, et, pour que cette latitude d'action ne soit pas contrariée au détriment du service public dont ils sont chargés, il faut que la loi organique constate d'une manière précise leur droit absolu d'agir auprès de tous les membres du cabinet, bien que leur mission spéciale soit auprès du ministre de la marine, et le droit également absolu d'être admis dans le sein des commissions, et, si faire se peut, à la tribune des chambres elles-mêmes, pour y prendre part, sinon au vote, au moins à la discussion des lois qui intéressent les colonies ;

9° Qu'enfin la mise en action des nouvelles institutions ne peut être séparée d'une manifestation directe émanée du pouvoir suprême, et conçue en des termes qui ne laissent pas de doute sur l'esprit de conservation et de respect de la propriété dans lequel elles ont été conçues, afin que les malveillants ou les brouillons, s'il en existe, ne puissent se flatter d'y trouver des armes pour le bouleversement de la société.

Avec cette loyauté d'action, avec cette franchise politique, tout deviendra facile sur ce sol tant calomnié, et bientôt on y verra la société et l'humanité participer successivement à toutes les améliorations sociales dont les institutions humaines sont susceptibles.

Telle est la tâche qu'il nous semble qu'ont prise et sans doute voulu prendre le gouvernement et la législature métropolitaine. Ainsi comprise, elle a tous les caractères de grandeur, de philosophie et d'utilité qui peuvent assurer la durée des créations politiques, et les recommander au respect du présent et de l'avenir ; comme aussi toute déviation de cette ligne de haute politique et de justice exacte, par conséquent de haute morale, ne peut aboutir qu'à la ruine de nos colonies. Les places maritimes du royaume se ressouviennent encore de ce que leur a coûté la catastrophe de Saint-Domingue : ce serait un mauvais moyen pour effacer d'aussi tristes souvenirs que de s'exposer à en reproduire de nombreuses et déplorables répétitions.

—

APPENDICE.

NOTE *A*.

RÉSOLUTION DES PROPRIÉTAIRES DE SAINTE-LUCIE.

—

« 1° Les habitants propriétaires de Sainte-Lucie, avec une promptitude et une loyauté qui n'ont été surpassées par aucune portion des sujets de S. M. B., ont adopté toutes les mesures suggérées par les ministres du roi, tendant à améliorer la condition des esclaves; ils ont même poussé la soumission au-délà des bornes que la prudence aurait dû leur prescrire, attendu que l'augmentation des dépenses sur leurs habitations, causée par lesdites mesures, les a rendus incapables d'alléger les fardeaux qu'une guerre prolongée leur avait imposés, ainsi qu'au reste de leurs concitoyens, tandis qu'ils n'ont retiré d'une paix non interrompue pendant seize ans qu'un accroissement de règlements onéreux et vexatoires.

« 2° Les habitants de Sainte-Lucie ont supporté avec une patience sans exemple *des taxes locales exorbitantes, réparties de la manière la plus arbitraire et sur l'emploi desquelles ils n'ont aucun contrôle*, tandis que le gouvernement despotique sous lequel ils vivent a négligemment surveillé ou follement prodigué l'argent public, au point d'avoir réduit le trésor colonial à un état de banqueroute.

3° « La valeur du produit annuel de la colonie ne s'est pas élevée, depuis deux ans, à 60,000 liv. sterl.; près du tiers de cette somme est versé au trésor colonial, pour payer le salaire du gouvernement local et autres charges publiques, et les deux tiers restants sont entièrement absorbés par les dépenses de la culture des terres.

« 4° Les habitants de cette colonie avaient le droit d'attendre qu'une telle soumission et de tels sacrifices n'auraient pas été faits en vain, et que leurs ennemis invétérés auraient sursis à leurs injustices et à leurs vexations.

« 5° Les habitants de cette colonie *appellent l'investigation la plus minutieuse sur la manière dont ils traitent leurs esclaves*, pourvu qu'on ne recoure plus à un système grossier de craintes contre les témoins dans leur contre-examen, afin d'en arracher des aveux en concordance avec les vues de ces personnes qui, dans la mère-patrie, cherchent avec tant de persévérance la destruction des colonies.

« 6° C'est avec une surprise égale à leur indignation que les habitants de Sainte-Lucie ont entendu publier, par la bouche d'un homme de la police, dans la place du marché, deux documents qu'on disait être des ordres en conseil de S. M., l'un détruisant leurs droits et priviléges les plus chers comme sujets britanniques, l'autre leur dérobant les misérables débris de leur fortune déjà en ruine.

« 7° Ledit ordre en conseil, du 20 juin 1831, constituant un système judiciaire pour améliorer, soi-disant, l'administration de la justice, doit avoir été fait en dérision des malheureux habitants, dont il a placé la vie et les fortunes à la merci de juges salariés, ne tenant leur emploi que sous le bon plaisir d'une sainte cabale, qui gouverne notoirement le département colonial, et dont les créatures paraissent poussées aux emplois dans cette colonie comme des espions et des délateurs chargés de calomnier et de diffamer le malheureux propriétaire d'esclaves.

« 8° L'ordre en conseil du 2 novembre est entièrement destructif de nos droits et de notre propriété sur nos esclaves. Il investit un individu, qualifié protecteur des esclaves, d'un pouvoir despotique et inquisitorial sur tout habitant libre, pouvoir que ceux-ci n'ont jamais exercé sur leurs esclaves ; il prive le planteur de recueillir le produit de sa terre, et en même temps le force à distribuer à ses travailleurs *le double de la quantité de provisions fournies aux troupes du roi*, et à leur donner *des vêtements dont, dans plusieurs cas, les maîtres eux-mêmes sont dépourvus.*

« 9° Les habitants, convaincus de l'impossibilité d'exécuter ces mesures injustes et ruineuses, se trouvent forcés de s'opposer à leur exécution par tous les moyens constitutionnels en leur pouvoir.

« 10° Ils sont dans l'impossibilité d'obéir, protestant solennellement devant Dieu et les hommes contre cette monstrueuse et honteuse spoliation, et emportant avec eux, dans la pauvreté et la privation, la consolation de ne s'être jamais prêtés à leur propre destruction.

« 11° Un comité est nommé pour rédiger des pétitions aux deux chambres du parlement dans l'esprit de ces résolutions, ainsi que pour pétitionner le gouverneur, afin qu'il suspende l'exécution de ces ordres, et afin d'organiser toute autre mesure nécessaire dans l'état présent de la colonie.

> « *Signé :* W. MUTTER, R. AUGIER, R. S. ROBINSON, L. CHEVALLIER, J. MAC FERLANE, CH. DE BRETTES, S. PATERSON, LOUIS AUBERT, S. P. NOEL, STÉPHANO WELLANY. »

NOTE *B*.

PROTESTATION DES HABITANTS DE MAURICE

CONTRE LA MISE EN VIGUEUR DES ORDRES EN CONSEIL DU CABINET BRITANNIQUE, DU 2 NOVEMBRE 1831.

———

« Les habitants de l'île Maurice ne se sont jamais opposés à ce que l'on fît des lois pour l'amélioration du sort des esclaves; ils les ont plutôt provoquées. Ils ont toujours et vainement demandé qu'elles fussent adaptées à leurs lois, à leurs mœurs, à leurs localités, surtout qu'elles garantissent la sécurité des propriétaires. Ils ont toujours et vainement supplié que l'on confiât à des magistratures nouvelles la portion d'autorité que l'on enlevait aux propriétaires d'esclaves.

« Ils ont annoncé le danger, et le danger est venu. Ils ont annoncé des malheurs, et les malheurs se succèdent avec une rapidité effrayante. Loin de les consulter, d'écouter même leurs représentations justes, loyales et respectueuses, on leur a imposé des lois évidemment hostiles, toutes dictées par la haine et l'esprit de parti.

« Ils ont envoyé un des leur porter leurs doléances au pied du trône; on a paru l'écouter, on lui a fait des promesses, et depuis on les a faussées sans pudeur.

« Les lois publiées dans la colonie ont excité partout l'irritation, porté les esclaves à l'insubordination, jeté la division entre le gouverneur et les colons, détruit la confiance et le crédit public, provoqué des faillites, des incendies, des empoisonnements, avili les propriétés, ruiné les neuf dixièmes des planteurs. Néanmoins on a cru pouvoir s'y habituer, on s'est encouragé à les exécuter de bonne foi, à trouver ensuite le moyen de les rendre praticables ; et cela même a été contrarié par le protecteur des esclaves et par les fonctionnaires qui devaient aux colons l'appui et la protection si souvent et si solennellement promis au nom du roi.

« Aujourd'hui les habitants de l'île Maurice apprennent que, non content de tous les maux imposés par la faiblesse, l'ignorance ou la collusion coupable des ministres avec une secte fanatique qui prétend à gouverner l'état, on n'a pas craint de proposer un ordre en conseil qui, a-t-il été dit à la chambre des communes, ne peut être publié dans les colonies sans devenir le signal d'une guerre civile.

« M. Irving, agent de l'île Maurice, a protesté avec énergie contre cette mesure d'iniquité et de spoliation, contre ce manifeste qui appellerait les esclaves à la révolte.

« Les sages remontrances de ce membre du parlement n'ont pas été écoutées. Des négociants respectables liés d'intérêt avec l'île Maurice se sont réunis, ont aussi rédigé des observations à lord Howich, et ils lui ont demandé une audience qu'il a refusée.

« Les doctrines de ce jeune secrétaire-d'état, ses liaisons avec les chefs du parti anti-coloniste, son inexpérience des affaires, enfin sa conduite bien connue envers toutes les colonies, prouvent qu'il se prête à un système qui a évidemment pour but leur anéantissement.

« La faction a juré de rendre le sort des colonies si misérable, la condition des propriétaires d'esclaves si dangereuse et si insupportable, qu'ils seront forcés de désirer eux-mêmes une émancipation qui consommera leur ruine et les exposera aux plus grands malheurs.

« La loi de nature commande aux habitants de l'île Maurice de résister à des lois qui deviennent par trop criminelles.

« Ils sont dans le cas de la légitime défense.

« Il n'y a pas de droit contre le droit.

« C'est pourquoi les soussignés déclarent sur l'honneur et sous serment que, dans le cas où il serait envoyé dans leur île, pour y être promulguée, une loi nouvelle tendant à augmenter encore les pouvoirs trop odieux du protecteur, à diminuer l'autorité du maître, à mettre en doute la propriété sous quelque prétexte que ce soit, ils jurent de se refuser absolument à l'exécution d'aucune des lois publiées dans la colonie dans le but prétendu d'améliorer le sort des esclaves ;

« Conséquemment, de ne plus fournir de recensements ; de ne faire aucune déclaration prescrite par les ordres en conseil, lois, ordonnances et proclamations sur la matière ; de ne plus payer ni taxe ni impositions, sauf à considérer ce qu'ils auraient à faire si on employait la force pour les contraindre à opérer eux-mêmes leur destruction. »

Nota. Après la publication de ce document officiel, il y en a eu encore un grand nombre d'autres, qui toutes témoignent de l'exaspération des colons de Maurice, en raison des malheurs qui les menacent. Les enfants de la nouvelle métropole, qui ont apporté dans cette colonie leurs capitaux et leur industrie, font cause commune avec les familles qui ont encore leur souche sur le sol français : aussi a-t-on vu récemment, dans un écrit publié par un des nouveaux colons (anglais), ouvrir l'avis désespéré, s'ils ne peuvent se faire écouter dans leurs justes réclamations auprès du cabinet britannique, de prendre, dans la colonie même, l'initiative de l'émancipation, en appelant les esclaves à une communauté d'intérêts avec leurs anciens maîtres, par l'établissement d'un système de piraterie, décidée à s'indemniser sur le pavillon britannique et de la ruine dont les menace le gouvernement, et de l'abandon forcé de leur existence honorablement laborieuse et paisible. Pour qui connaît les mers de l'Inde cette menace mérite quelque attention. L'obstacle le plus sérieux existe dans les sentiments de civilisation et d'humanité qui dominent dans ces âmes tant calomniées. Toutes les forces navales de l'Angleterre sont impuissantes contre les forbans malais ou malabares. La conquête de l'île de France, alors qu'il ne s'agissait que d'une attaque régulière contre deux mille hommes de garnison, a nécessité l'envoi de vingt-quatre mille hommes de troupes britanniques, une flotte de cent dix voiles et une dépense totale de 115 millions de francs.

Avec quatre frégates et les corsaires armés à Bourbon et à l'île de France, on tint pendant huit ans plus de soixante-dix navires de guerre anglais en échec.

Avant de pousser les choses à bout, les grandes influences

commerciales, qui ne sont pas sans action sur le gouvernement britannique, songeront, il faut l'espérer, à ce qu'il y aurait de formidable dans une *algérie* de cette espèce, qu'on aurait sans pitié jetée hors du droit des nations, et qui saurait qu'il n'y a plus pour elle de possibilité d'y trouver de nouveau sa place.

P. S. Au moment où se terminait l'impression de ce mémoire, un navire français, la *Bonne-Mère* de Nantes, est arrivé dans ce port avec les nouvelles les plus sinistres sur l'état de Maurice, où le vaisseau avait touché à son voyage de retour.

Toute la population demandait *en armes* le renvoi d'un procureur-général arrivé la veille de Londres, et dont le nom seul suffit à tant d'alarmes après les souvenirs désorganisateurs qu'a laissés son administration de la justice à Sainte-Lucie, où il n'a rien épargné de ce qui pouvait ébranler la discipline des ateliers et compromettre la fortune et l'existence des maîtres.

Le gouverneur de Maurice se trouvait donc dans la dure alternative, ou de laisser violer son autorité, ou de ne pouvoir acheter son triomphe qu'au prix d'une effusion de sang qui pouvait n'être encore que le prélude de nouveaux désastres.

NOTE *C.*

Divers numéros du journal anglais *The Courier*, dans les mois d'avril, mai et juin 1832, ont fourni la matière de l'article qui suit.

—

DE L'AFFRANCHISSEMENT DES ESCLAVES.

Les noms des membres qui doivent former, dans la chambre des communes, le comité chargé de l'examen de la question sur l'émancipation des esclaves dans les Indes-Occidentales, n'ont pas encore été désignés (1), malgré les efforts de M. Buxton pour que ce comité fût composé de ceux qui ont embrassé avec le plus d'exaltation la cause de l'abolition immédiate de l'esclavage. L'amendement introduit par lord Althorp pourra mitiger en quelque chose les fâcheux effets de la motion de M. Buxton ; mais nous craignons bien que le retour continuel à une question sans conclusion n'ait les plus funestes conséquences pour une situation aussi agitée que l'est en ce moment celle de nos colonies.

Il y a peu de condition plus dure que celle des planteurs. Ils ne peuvent faire abandon de leurs esclaves, car autant vaudrait-il qu'ils fissent le sacrifice de toutes leurs propriétés. Ils n'ont cependant engagé leurs capitaux en améliorations du sol, en constructions, en usines, ou toute autre dépense, que sur la foi des actes du parlement, qui devait leur inspirer la confiance d'être maintenus dans la possession des seuls instruments possibles de leur agriculture. En justice il ne suffirait pas que le parlement prît leurs esclaves à un prix équitable, il faudrait encore qu'il y ajoutât la valeur du fonds ; car sans

(1) Ils l'ont été depuis avec une impartiale équité.

moyen de culture le sol serait évidemment sans utilité aucune pour le propriétaire. Mais le parlement est-il bien en mesure d'adopter un pareil plan? Pour ce qui regarde les colons, ils ne demanderaient pas mieux que d'y accéder ; et, s'il est vrai, comme les abolitionistes le soutiennent , que les cultivateurs nègres à l'état de liberté produiront autant au moins que dans leur condition présente , cet acte de justice envers les propriétaires des Indes occidentales ne léserait en rien les intérêts de la nation , les risques de l'essai devant d'ailleurs être au compte de ceux qui ont voulu le tenter.

Ce que le comité de la chambre doit donc traiter à fond , c'est la question de l'*indemnité préalable*, et si ce droit est reconnu , ainsi qu'il est impossible de le contester, qu'il soit fait aux colons pleine et complète justice.

Car, ce qui n'est pas permis d'oublier, c'est que, si l'esclavage est un tort (ce que nous sommes tous prêts à reconnaître), l'origine de ce tort n'est pas du fait des colons, mais bien de la mère-partie, qui y a donné naissance , l'a protégé et encouragé jusqu'à son état actuel. Ici *le Courier* relate une série de faits curieux qui ne sont que la reproduction d'un de ses articles du 6 avril dernier ; nous les présenterons sous la forme primitive , parce qu'elle nous a paru plus originale et plus piquante :

« Il faut, écrivait à cette époque un correspondant du *Courrier*, que la nation sache prendre sa part de l'odieux (si odieux il y a) qui s'attache à l'esclavage, et qu'elle n'en laisse pas peser tout le poids sur les épaules de mes compatriotes. Les faits que je rappellerai démontrent que plusieurs parlements ont non seulement sanctionné, mais même obligé (*forced upon*) les colons d'acquérir les esclaves; en sorte que la nation est engagée non seulement par justice, mais même par honneur (*honesty*), à ne pas priver les colons de cette propriété par l'abolition de l'esclavage sans une compensation préalable, et ne doit pas davantage détériorer ce gage entre leurs mains par une intervention irréfléchie (*intemperate meddling.*)

Ce qui suit est copié dans les documents que j'ai sous les yeux.

Dire que la Grande-Bretagne forma le plan, et que les colons n'en furent que les instruments; dire que la Grande-

Bretagne fit les lois, et que les colons durent s'y conformer, suffirait pour prouver la grande part que la nation prit au principe du commerce des esclaves, et par conséquent au système d'esclavage qui existe. Mais un grand nombre de personnes sont tellement habituées à rejeter tout l'odieux de ce système sur les propriétaires actuels d'esclaves, qu'elles seront, sans doute, fort surprises d'apprendre quelle plus large part encore a eue la Grande-Bretagne dans la création, le maintien et l'extension actuelle de l'esclavage (*formation, maintenance and present extense of slaving*) ; car,

La Grande-Bretagne a fondé (*established*) le commerce de la traite sous le règne de la reine Elisabeth, qui y prit personnellement une très grande part. — (Les colonies *n'existaient* pas alors.)

La Grande-Bretagne encouragea le même commerce sous les règnes successifs de Charles Ier, Charles II et Jacques II, par tous les moyens qui purent être imaginés. Mais ce fut Guillaume III qui les surpassa tous, lorsque, avec lord Sommers pour ministre, il déclara que le commerce de la traite était hautement profitable à la nation (*highly beneficial for the nation*); et ce qui démontre que ce profit ne s'entendait pas alors de la connexité qu'il avait avec la prospérité de nos colonies, ce sont les stipulations du traité *d'Assiento*, traité aussi étranger qu'indifférent aux colonies nationales, et par lequel la Grande-Bretagne s'engageait à fournir 144,000 esclaves aux colonies espagnoles à raison de 4,800 par an. — (A cette époque les colonies n'y prenaient aucune part, se bornant à acheter ce que les négociants anglais leur apportaient, et ne faisant en cela que ce à quoi le gouvernement britannique les conviait par tous les moyens en son pouvoir.)

Depuis lors, jusqu'à une très récente époque, notre histoire est pleine de diverses mesures et faveurs qui ont passé pour autant d'encouragements et de protection accordés à ce commerce.

En voilà assez sans doute pour les créateurs et les protecteurs du sytème; voyons quels furent ceux qui les premiers le frappèrent de blâme, et cherchèrent à le renfermer dans des limites plus circonscrites.

Ce fut en 1760 que les colons firent entendre à ce sujet leurs premières observations.

La Caroline du sud, alors colonie anglaise, passa un acte pour défendre toute nouvelle importation ; mais la Grande Bretagne rejeta cet acte, et déclara que le commerce d'esclaves était profitable et nécessaire à la mère-patrie ; le gouverneur qui avait sanctionné l'acte fût réprimandé, et une circulaire fut envoyée à tous les autres gouverneurs pour qu'ils eussent à éviter une pareille faute (*warning them against a similar offense*). Cependant les colonies retombèrent dans la même offense, et un bill fût lu deux fois dans l'assemblée de la Jamaïque dans le but avoué de *limiter l'importation des esclaves.*

Mais la Grande-Bretagne en arrêta les effets par l'intermédiaire de son gouverneur, qui, après avoir mandé l'assemblée, dit à ses membres que ses *devoirs ne lui permettaient pas d'y donner son assentiment*, d'où il arriva que le bill fut annulé (*was dropped*).

En 1774, les colonies firent encore une nouvelle tentative, et la législature de la Jamaïque passa dans cette année deux bills destinés à restreindre ce commerce. Mais la Grande-Bretagne résista encore à la restriction. Bristol et Liverpool pétitionnèrent contre elle ; la question fut renvoyée au bureau du commerce, et les conclusions de ce bureau furent contraires (*reported against restriction*).

Les colonies, par l'intermédiaire du délégué de la Jamaïque, firent des remontrances contre les conclusions de ce rapport, et l'attaquèrent au nom des principes de la justice et de l'humanité. La Grande-Bretagne, par la bouche du comte de Darmouth, alors président de ce bureau, répondit par la déclaration suivante : Nous ne pouvons consentir à ce que les colonies arrêtent ou découragent d'une manière quelconque un trafic aussi utile à la nation. Ceci se passait en 1774 !

Quel homme pourrait donc soutenir aujourd'hui que les habitants des Indes occidentales ne furent *pas forcés* de recevoir les naturels de l'Afrique en esclavage ? Quel homme d'honneur et de probité pourrait se croire fondé à attaquer aujourd'hui leurs droits non seulement au maintien de cette propriété, mais encore à l'assistance que leur ont rendu nécessaire

les actes du gouvernement britannique? Où donc est la prétendue criminalité qui s'attache à cette espèce de propriété? Le
crime, si crime il y a, se réduit à celui-ci :

« Que la génération présente est *coupable* d'être née investie
d'une propriété que ses devanciers ont été *forcés* d'acquérir
en vertu des lois émanées de la métropole. »

On peut objecter, continue le *Courrier* du 28 mai, que ni le
parlement ni une autre autorité quelconque n'avait le pouvoir de rendre juste ce qui de sa nature était injuste. Mais la
question d'indemnité n'a rien à voir avec les principes abstraits
de l'esclavage; elle repose tout entière sur l'appui constant que
cette pratique a trouvé dans la législature métropolitaine. La
question d'indemnité n'en est pas une où les colons aient à dé-
battre la moralité du droit, mais c'en est une où la communauté ne peut nier sa solidarité, après avoir volontairement
pris sa part des bénéfices de la transaction qu'aujourd'hui elle
condamne.

Personne ne contestera au parlement le droit de mettre un
terme à l'esclavage, personne ne se porte défenseur du principe en lui-même; mais tout le monde doit déplorer que le
parlement, dans des vues intéressées, ait donné naissance au
mal qu'il réprouve et qu'il veut s'efforcer d'effacer aujour-
d'hui. Personne ne songe à traiter ces questions en ce qu'elles
ont d'abstrait; mais il y a dans cette question de l'affranchissement de 800,000 esclaves une autre considération pratique
qu'il n'est pas permis non plus d'éluder. Il est fort aisé de dire
que les nègres n'auraient jamais dû être réduits en esclavage;
mais il est extrêmement difficile d'exprimer comment ils peuvent immédiatement être affranchis sans qu'il en résulte une
désorganisation sociale, des malheurs ou des désastres inexpri-
mables dans une vaste portion de l'empire britannique.

Ce qu'il y a de certain, c'est qu'une nation qui, pendant
une longue série d'années, a profité de la continuation d'un
système d'esclavage qu'elle a créé, consacré et encouragé, n'a
pas le droit de venir faire de la morale et de la vertu aux dé-
pens de ceux qui ont cru leur propriété en sûreté sous l'égide
de la foi nationale.

« Nous ne devons pas, disait M. Canning en 1823 et en 1824,
abandonner cette question aux mains du parti anti-colonial,

qui n'a pour armes que des demi-vérités, les plus dangereuses de toutes les erreurs. Ce parti ne saura jamais qu'enflammer les passions et égarer les sentiments philanthropiques de la nation. C'est à nous de marcher et d'agir avec cette prudence que requiert l'extrême délicatesse du cas, et avec cette impartialité à laquelle la nation est justement obligée par le sentiment qu'elle doit avoir de sa participation au crime, si crime il y a (*if such there be*). »

(*Messager des Chambres du 11 juillet* 1832.)

FIN.